Lisa J. Krengel / Christiane Zimmermann-Fröb /
Angelika Veddeler / Yoram K. Karusya / Svenja Blaczek

Philia Fenchel und die Sache mit der Liebe

Lisa J. Krengel / Christiane Zimmermann-Fröb /
Angelika Veddeler / Yoram K. Karusya / Svenja Blaczek

Philia fenchel
und die sache mit der Liebe

Begleitmaterial zur Jahreslosung 2024 für die Arbeit mit Kindern

neukirchener

INHALTSVERZEICHNIS

1. EINLEITUNG

Liebe Leser*innen,

„Alles, was ihr tut, geschehe in Liebe."

Was für ein Satz! Was für ein Wunsch! Oft begleiten uns die Worte einer Jahreslosung das ganze Jahr über, so manche*r von uns Erwachsenen nutzt sie für Ausblick und Rückblick auf das Gewesene oder Kommende. Nicht selten bieten die Worte der Jahreslosung Material für mehrere Jahre, wenn nicht gleich für ein ganzes Leben. 2024 geht es also um die Liebe.

Auch Kinder stellen Fragen nach Liebe und wissen um unterschiedliche Bedeutungen aus ihrem unmittelbaren, meist familiären Kontext. Liebe fühlt sich nach Zuhause an, nach Geborgenheit und Zugehörigkeit, aber auch nach den damit verbundenen Konflikten und unerfüllten Sehnsüchten, manchmal nach Scham. Auch fehlende Liebe durch Vernachlässigung, Einschränkungen oder Zeitmangel erleben viele Kinder.

Als Autor*innenteam haben wir uns gefragt: Wie können wir mit Kindern die Worte der Jahreslosung entdecken, uns ihnen behutsam nähern und die unterschiedlichen Perspektiven gemeinsam erkunden? Die biblische Tradition hat einen großen Schatz an Geschichten. Sie stiften Teilhabe an der Welt, bieten Deutungen an und schaffen Identität. Geschichten fördern Kreativität, Sprachgefühl und regen die Fantasie an. Gerade erzählte Geschichten – und biblische Geschichten laden aufgrund ihrer mündlichen Überlieferung zum Erzählen ein – begeistern Kinder und bieten ihnen vielfältige Zugänge an, ihre eigene Lebenswirklichkeit zu erschließen, indem sie ihre eigenen Erfahrungen in Geschichten eintragen. In den Erzählungen erspüren Kinder existenzielle Erfahrungen wie Angst und Mut, Liebe und Eifersucht, Angenommensein, Freude und Trauer. Im besten Fall können Kinder ihre eigenen Erfahrungen in Geschichten auswerten und vor einem theologischen Horizont deuten. Kinder brauchen ausdrucksstarke Bilder und Geschichten, die sie ermutigen und religiöse Erfahrungen wie Liebe vermitteln, vorausgesetzt die biblische Überlieferung wird mit der Lebenswirklichkeit in Beziehung gesetzt.

Deshalb war es für uns naheliegend, die Jahreslosung anhand weiterer biblischer Geschichten zu verdichten. Die Erzählungen sind anschaulich aufbereitet, sodass Kinder sich biblische Inhalte erschließen und diese für ihre eigene Lebenswirklichkeit verstehen lernen. Die biblischen Texte sind jeweils über Bibelstellen ausgewiesen und nicht separat abgedruckt.

Die Basis all unserer Überlegungen ist das biblische Dreifachgebot der Liebe (5. Mose 6,5; 3. Mose 19,18; Markus 12,28-34; Lukas 10,27), das die Aufforderung zur Liebe auffächert in die Liebe zu Gott, zum Nächsten und zu sich selbst. Entsprechend sind die Kapitel dieser Arbeitshilfe gestaltet.

Das Kinderbuch „Philia Fenchel und die Sache mit der Liebe" von Maike Siebold und Anna Lisicki-Hehn nimmt diese biblische Grundlage implizit auf und entfaltet sie im Hinblick auf das Leben der Hauptfigur Teo. Die Kinder lernen Teos Familie kennen und werden so angeregt, der Liebe in ihrem eigenen Leben auf die Spur zu kommen.

Vielleicht möchten Sie die Jahreslosung anhand der Kinderbuchgeschichte mit Kindern entdecken? Dann finden Sie das entsprechende Material und Anregungen zur kreativen Weiterarbeit in Kapitel 4.

In den Kapiteln 5 bis 8 finden Sie Material, um die Jahreslosung selbst oder einzelne Aspekte des Dreifachgebots der Liebe gemeinsam mit Kindern zu erarbeiten. Grundlage für alle Ausarbeitungen ist jeweils ein biblischer Text. Neben einer kurzen Einführung zum Hintergrund des Textes und einer Erörterung zum Thema „Der Text und die Kinder" finden Sie jeweils konkrete Erzählvorschläge mit unterschiedlichen Methoden sowie Kreativvorschläge zur Weiterarbeit.

Das vorliegende Material zur Jahreslosung lässt sich in unterschiedlichen Kontexten (Kindertageseinrichtung, Kindergottesdienst, Kinderbibelwoche, Religionsunterricht u.v.m.) sowohl punktuell als auch als Reihe mit unterschiedlichen Schwerpunkten und Blickrichtungen einsetzen. Wir möchten dazu ermutigen, die Jahreslosung nicht nur einmalig am Jahresanfang zu thematisieren, sondern immer wieder neu einen Zugang zu suchen und – mit Hilfe des biblischen Geschichtenreichtums – neue Aspekte zu entdecken.

Die Materialien nehmen Kinder in verschiedenen Lebenssituationen in den Blick. Sie bemühen sich darum, Vielfalt als selbstverständliche Gegebenheit in den genannten Kontexten vorauszusetzen und als positive, alltägliche Realität zu bewerten.

Wir danken Meike Walcha-Lu von den Singfingern (www.singfinger.club), die den Psalm zur Jahreslosung mit lautsprachunterstützenden Gebärden um einen wichtigen Aspekt erweitert hat. Lautsprachunterstützende Gebärden eignen sich besonders in der Arbeit mit Kindern mit multilingualem Hintergrund. Sie erhöhen durch ihre Multimodalität die Konzentrationsfähigkeit von Kindern und bieten einen Zugang zum Verstehen mit Kopf und Hand.

Dr. Volker Haarmann und Dr. Andar Parlindungan danken wir für ihr aufmerksames Gegenlesen unserer Manuskripte und viele hilfreiche Anmerkungen.

Danken möchten wir an dieser Stelle auch der Verlagsleiterin Ruth Atkinson, die uns unkompliziert und abseits von jeglichen Zeitplänen des Verlags in das Programm aufnahm und unser gemeinsames Projekt wohlwollend und unterstützend begleitet hat. Ein herzlicher Dank gebührt ebenfalls Viktoria Tersteegen, die uns als Lektorin bei der Entstehung dieses Buches begleitet hat.

Wir wünschen Ihnen viel Freude dabei, gemeinsam mit Kindern die Breite und Länge, Höhe und Tiefe der Jahreslosung auszuloten und zu entdecken.

Svenja Blaczek (Pädagogisch-Theologisches Institut der EKiR)
Yoram Karusya (Vereinte Evangelische Mission)
Dr. Lisa J. Krengel (Evangelische Kirche im Rheinland/Kirche mit Kindern)
Angelika Veddeler (Vereinte Evangelische Mission)
Christiane Zimmermann-Fröb (Förderverein Kirche mit Kinder in der EKiR e. V.)

2. LITURGISCHE BAUSTEINE

Hier finden sich liturgische Bausteine, die in einer Reihe zur Arbeit mit der Jahreslosung wiederkehrend verwendet werden können. Die Texte können anstelle eines Psalms oder als Fürbitte gesprochen werden. Das Lied gehört zur Einheit „Selbstliebe", kann aber auch gut als ein wiederkehrendes, stärkendes Lied in einer Reihe zur Jahreslosung gesungen werden.

2.1. GEBET MIT KEHRVERS (INKL. GEBÄRDEN)

Damit der Text für jüngere Kinder nicht zu lang wird, können die Texte in Klammern für sie weggelassen werden.

Kehrvers:

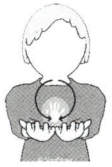   

| Alles, | was ihr tut, | geschehe | in Liebe. |

Gott, wenn ich wie ein Mensch rede oder sogar wie ein Engel und bin ohne Liebe, dann klinge ich nur wie ein schepperndes Blech oder ein gellender Gong. Darum:

(Alles, was ihr tut, geschehe in Liebe.

Gott, selbst wenn ich die Zukunft und alle Geheimnisse kenne
und alles Wissen habe, das es gibt,
und wenn ich so fest glaube, dass ich sogar Berge versetzen kann,
und bin ohne Liebe,
dann bin ich trotzdem nichts. Darum:

Alles, was ihr tut, geschehe in Liebe.)

Gott, wenn ich alles, was ich kann und habe, für andere gebe,
ja sogar wenn ich mein eigenes Leben aufs Spiel setzte und bin ohne Liebe,
dann ist das alles sinnlos. Darum:

Alles, was ihr tut, geschehe in Liebe.

Gott, du bist die Liebe. Und die Liebe hat einen langen Atem und ist zuverlässig.
Die Liebe ist freundlich und nicht eifersüchtig.
Die Liebe spielt sich nicht auf und sie will andere nicht beherrschen. Darum:

Alles, was ihr tut, geschehe in Liebe.

(Die Liebe handelt nicht respektlos anderen gegenüber.
Sie ist nicht selbstsüchtig. Sie wird nicht jähzornig und sie ist nicht nachtragend.
Sie freut sich nicht darüber, wenn Unrecht geschieht.
Stattdessen freut sie sich über die Wahrheit. Darum:

Alles, was ihr tut, geschehe in Liebe.)

Die Liebe kann etwas aushalten.
Die Liebe hat Vertrauen.
Die Liebe hofft, ausdauernd und trotzig.
Die Liebe hört niemals auf, auch wenn alles andere einmal aufhören wird.
Darum:

Alles, was ihr tut, geschehe in Liebe.

Gott, jetzt und hier leben wir mit Vertrauen, Hoffnung und Liebe, deinen
drei Geschenken.
Und das größte von ihnen ist die Liebe. Darum:

Alles, was ihr tut, geschehe in Liebe.
Amen.

2.2. ZWEISPRACHIGES LIED ZU PSALM 139 MIT BEWEGUNGEN

GOTT, DU KENNST MICH UND HAST MICH LIEB

Gott, du kennst mich und hast mich lieb.

Gott, du kennst mich und hast mich lieb. Du bist

hin - ter mir und vor___ mir und ne - ben mir, du gehst mit mir.

Gott, du kennst mich und hast mich lieb.

Gott, du kennst mich und hast mich lieb. *(Arme nach oben strecken und zur Brust führen)*
Gott, du kennst mich und hast mich lieb.
Du bist hinter mir und vor mir *(mit beiden Daumen über die Schulter nach hinten und dann mit dem Zeigefinder nach vorn zeigen)*
und neben mir, *(Hände seitlich nach unten ausstrecken)*,
du gehst mit mir. *(im Rhythmus stampfen)*
Gott, du kennst mich und hast mich lieb. *(wie Zeile 1)*

God, you know me, you give me your love.
God, you know me, you give me your love.
You are behind me and before me,
and next to me, you walk with me,
God, you know me, you give me your love.

Gott, du liebst mich, und das macht mich groß.
Gott, du liebst mich, und das macht mich groß.
Du stärkst Kopf und Herz und
Mund und Ohr und
Arm und Bein und
Nasenspitze,
Gott, du liebst mich, und das macht mich groß.

God, you know me and that makes me strong.
You make my head, my heart, my mouth, my ear, my arm, my leg my
fingers strong,
God you know me and that makes me strong.

Gott, du hast mich geschaffen, so wie ich bin.
Gott, du hast mich geschaffen, so wie ich bin.
Ob ich traurig oder fröhlich,
ob ich lustig oder ernsthaft bin,
Gott du hast mich geschaffen, so wie ich bin.

God, you made me the way I am.
God, you made me the way I am.
Whether sad or joyful, serious, funny, tired, bored or glad,
God, you made me the way I am.

Gott, du hast uns alle wunderbar gemacht.
Gott, du hast uns alle wunderbar gemacht.
Und ich glaube, dass du nah bist, dass du groß bist, dass du gut bist.
Gott, du hast uns alle wunderbar gemacht.

2.3. FÜRBITTEN

Gott, die Welt ist so schön. Morgens ist es hell, wenn ich aufstehe. Und meine große Schwester macht schon Ugali, das kann ich riechen. Da kriege ich gleich Hunger auf Frühstück.

Love.

Gott, was soll ich tun? Ich habe mich mit meinem Freund gezankt. Ich bin immer noch wütend. Er war so gemein zu mir. Ich will ihm das nochmal sagen. Er soll doch mein Freund bleiben. Gott, gib mir Worte.

Amour.

Gott, ich habe meine Mama, meinen Opa, meine Tante, meine große Schwester und meine beiden kleinen Brüder so lieb.

Lolo.

Gott, ich kann so viel. Springen, Rätsel rauskriegen, den Wassereimer tragen, Bilder am Computer machen, schnell rennen.

Upendo.

Gott, manchmal können wir deine Liebe direkt spüren. Dann füllt sie uns aus und macht uns ganz warm. Manchmal gibt uns deine Liebe Mut. Und wenn wir Angst haben, dann leitet sie uns.

Liebe.

Gott, lass deine Liebe auf uns alle scheinen, heute besonders auf (*Namen nennen*).

Gott, wir danken dir, dass du allen Menschen deine Liebe – Love – Amour – Lolo – Upendo – schenkst und dass wir selber Liebe geben können. Amen.

2.4. SEGEN

Gott segne dich
mit der Weite der Liebe. *(Hände nach oben)*
mit der Wärme der Liebe. *(Hände überkreuzen den Oberkörper)*
mit der Kraft der Liebe. *(einen Arm in Siegerpose)*
mit den Geschichten der Alten. *(Hände als Buch vor den Körper)*
Amen.

2.5. ABSCHLUSSRITUAL

Alle Kinder kommen in einem Kreis zusammen und legen ihre Arme in
die Mitte.
Ein Kind ruft in die Mitte hinein: „Alles geschehe in …"
Alle Kinder antworten mit dem Ruf: „Liebe!" (geht auch mehrsprachig)
Die Kinder werfen ihre Arme über Kopf zurück und formen mit ihren
Fingern ein Herz.

3. KREATIVE GESTALTUNG ÜBER MEHRERE EINHEITEN

Wenn eine Reihe zur Jahreslosung geplant ist, bietet sich ein durchlaufendes kreatives Element an, in dem sich die einzelnen Schwerpunkte nach und nach zusammenfügen.

3.1. GEMEINSAME GESTALTUNG EINES TUCHES FÜR DEN ALTAR/DIE MITTE

Das Tuch wird in jeder Einheit über den Altar oder als gestaltete Mitte hingelegt und wird von Mal zu Mal weiter ausgestaltet. (s. Kap. 9.2.)

Material
Weißes, rechteckiges Baumwolltuch
(z.B. Bettlaken oder Tischdecke)
Stoffmalfarbe, Stoffmalstifte
Pinsel
Klorollen-Stempel
(stempelt nur den Herzumriss)
oder
Moosgummistempel
(stempelt ein komplett farbiges Herz)
Holzfigurenkegel
Moosgummi
Kugelschreiber
Scheren
Kleber
Schälchen für die Farbe
Unterlage (z.B. Pappe oder Folie,
damit die Stoffmalfarbe nicht durchgeht)
Herz-Vorlage (s. Materialanhang)

Anleitung

Übertragen Sie im Vorfeld die Vorlage des dreigeteilten Herzens mit roter Stoffmalfarbe in groß auf das Tuch.

Moosgummistempel: Falls Sie mit Moosgummi-Stempeln arbeiten wollen, können Sie diese im Vorfeld herstellen. Zeichnen Sie mit einem Kugelschreiber Herzen auf das Moosgummi. Schneiden Sie die Herzen aus und kleben Sie sie unter die Holzfigurenkegel. Die Größe der Herzen sollte den Holzfigurenkegeln angepasst werden. Sie können die Stempel auch mit den Kindern basteln. Dann brauchen die Stempel vor der Verwendung etwas Zeit, bis der Kleber getrocknet ist.

Klorollenstempel: Die Klorollen werden längs eingedrückt. So entsteht ein Herzumriss, der zum Stempeln einfach in die Farbe getaucht und dann auf das Tuch gedrückt wird. Beim Eindrücken der Klorolle bitte darauf achten, dass alle Umrisse auf gleicher Höhe sind und kein Teil des Umrisses nach Innen verschwindet. Dieser Teil wäre dann beim Stempeln nicht mehr zu sehen.

3.1.1. Gestaltung zur Einheit „Jahreslosung"

An diesem Tag werden mit den Klorollen- oder den Moosgummistempeln außen um das große Herz herum viele kleine Herzen auf das Tuch gestempelt.

3.1.2. Gestaltung zur Einheit „Gottesliebe"

In das erste Drittel des großen Herzens malt jedes Kind mit Goldstoffmalstiften ein Smiley hinein.

3.1.3. Gestaltung zur Einheit „Nächstenliebe"

In das zweite Drittel werden mit Stoffmalstiften Sprechblasen gemalt, in denen das Wort „Liebe" steht. In jeder Sprechblase kann das Wort in einer anderen Sprache geschrieben werden (z.B. Love, Amour, Amore, Lolo, Upendo, Kärlek und die Sprachen, die die Kinder vielleicht auch noch sprechen).

3.1.4. Gestaltung zur Einheit „Selbstliebe"

In das letzte Drittel stempeln die Kinder ihren Handabdruck mit Stoffmalfarbe hinein.

3.2. INDIVIDUELLE GESTALTUNG ALS EIGENES BILD

Material
Je Kind ein Bogen Tonkarton
Bleistifte (ggf. zum Vorzeichnen)
Fingerfarben oder
Wasserfarben
Pinsel
Malkittel / Müllsäcke, in die oben und an den Seiten Löcher für Kopf und Arme geschnitten werden

Anleitung
Auf den querliegenden Tonkarton wird mit rot ein großer Herzumriss gemalt. Die Klorollen- und / oder Moosgummistempel werden hergestellt (s.o.).

3.2.1. Gestaltung zur Einheit „Jahreslosung"

An diesem Tag werden mit den Klorollen- oder den Moosgummistempeln außen um das große Herz herum viele kleine Herzen auf den eigenen Tonkarton gestempelt.

3.2.2. Gestaltung zur Einheit „Gottesliebe"

In das erste Drittel des großen Herzens malt das Kind sein strahlendes Gesicht hinein.
Evtl. kann als Text dazugeschrieben werden: Ich habe Gott lieb.

3.2.3. Gestaltung zur Einheit „Nächstenliebe"

In das zweite Drittel werden Sprechblasen gemalt, in denen das Wort „Liebe" steht. In jeder Sprechblase kann das Wort in einer anderen Sprache geschrieben werden (z.B. Love, Amour, Amore, Lolo, Upendo, Kärlek und die Sprachen, die die Kinder vielleicht auch noch sprechen).

Evtl. kann als Text dazugeschrieben werden: Ich habe die Menschen lieb.

3.2.4. Gestaltung zur Einheit „Selbstliebe"

In das letzte Drittel stempelt das Kind den eigenen Handabdruck hinein.
Evtl. kann als Text dazugeschrieben werden: Ich habe mich lieb.

4. PHILIA FENCHEL UND DIE SACHE MIT DER LIEBE

4.1. ZUM HINTERGRUND DES TEXTES

Die Jahreslosung für das Jahr 2024 aus dem 1. Korintherbrief handelt von der Liebe. Ohne Frage ein wichtiges und großes Thema. Das schreibt auch Maike Siebold, die Kinderbuchautorin der Geschichte „Philia Fenchel und die Sache mit der Liebe": „Alle wichtigen Bücher handeln von der Liebe, also ist dies ein wichtiges Buch."

Doch wie nähert man sich diesem wichtigen und großen Thema mit Kindern? Maike Siebold hat für die Erarbeitung der Jahreslosung 2024 mit Kindern eine sensible und zugleich humorvolle Geschichte mit viel Tiefgang über die verschiedenen Dimensionen der Liebe geschrieben. Die theologische Grundlage bildet das Dreifachgebot der Liebe (Liebe zu Gott, Liebe zum Nächsten, Liebe zu sich selbst), das jedoch implizit und im natürlichen Fortgang der Geschichte entfaltet wird. Die Hauptfigur der Geschichte ist Teo. Ein kreatives und äußerst pfiffiges Grundschulkind mit einer ganzen Menge guter Ideen, die zum Schmunzeln einladen. Nachdem Teos Mama entschieden hat, dass in der Familie nichts mehr auf den Tisch kommt, was ein Gesicht hat, beginnt Teo, jeglichem Gemüse ein Gesicht zu malen. Eines Abends findet er im Kühlschrank den herzförmigen Fenchel und malt auch hier wie gewohnt Augen, Nase und Mund auf. Und schon beginnt das nächtliche Abenteuer. Denn Teo bekommt Besuch. Niemand geringeres als die Liebe selbst ist plötzlich im Kinderzimmer zu Gast. Die herzförmige Fenchelfigur mit den aufgezeichneten Augen hat plötzlich Ärmchen und Beinchen bekommen und stellt sich ihm als Philia Fenchel (griech. philía = freundschaftliche Liebe), die Liebe vor.

Teo und Philia gehen auf Erkundungstour. Und Teo entdeckt die Liebe: Im Wunder der Schöpfung, in der Beziehung zu seiner kleinen Schwester Klara und in der Liebe zu sich selbst, einem Jungen, der eine ganze Menge kann und der durch die Begegnung mit Philia Fenchel nochmal einen neuen Blick auf sich selbst und sein Leben bekommt.

4.2. DER TEXT UND DIE KINDER

Die Kinderbuchgeschichte „Philia Fenchel und die Sache mit der Liebe" bietet Kindern unterschiedliche Möglichkeiten der Identifikation und Anknüpfung an eigene Erfahrungen.

Im Mittelpunkt der Geschichte steht Teo. Seine witzigen Ideen bringen sicher nicht nur Kinder zum Schmunzeln und lassen viel Raum für die eigene Vorstellungskraft. Wie sieht es aus, wenn ein Picknick unter Wasser stattfindet? Wie schmeckt wohl Teos Zaubertrank? Die Figur von Teo bietet weitere Möglichkeiten der Anknüpfung an eigene Erfahrungen der Kinder: Teo rebelliert gegen den Entschluss seiner Mutter, nichts mehr zu essen, was ein Gesicht hat und greift kurzerhand selbst zum Filzstift. Gemüse scheint nicht ganz seine Sache zu sein. Auch das Miteinander mit seiner kleinen Schwester Klara bringt Teo an den Rand seiner Geduld: „Ihr könnt das Baby umtauschen. Ich will es nicht." Viele Kinder können hier sicherlich an eigene Erfahrungen aus ihrem Alltag anknüpfen und sich mit Teo verbunden fühlen. Nicht alle Entscheidungen der Eltern sind für Kinder nachvollzieh- und verstehbar. Jüngere (und auch ältere) Geschwister nerven oft ganz schön und sind in der Lage, einen selbst an den Rand des Wahnsinns zu bringen.

Aber dann macht Teo eine Begegnung, die einem Abenteuer gleicht und zudem seine eigene Perspektive auf sein Leben und das Miteinander mit anderen erweitert. Der Kontakt mit Philia Fenchel hat deutliche magische Züge, die vor allem für jüngere Kinder ohne Probleme in das eigene Weltbild integrierbar sind. Welches Kind wünscht sich nicht eine Freundin, einen Freund mit Superkräften, der/die alles schaffen kann?

4.3. ERZÄHLVORSCHLAG

Je nach Kontext, in dem Sie mit Kindern die Geschichte „Philia Fenchel und die Sache mit der Liebe" erkunden wollen, suchen Sie sich einen ruhigen Ort, an dem Sie mit den Kindern Seite für Seite die Geschichte von Teo und Philia vorlesen und entdecken können. Nehmen Sie sich ausreichend Zeit, damit die Kinder die Bilder auf jeder Seite in Ruhe wahrnehmen und in den Austausch gehen können. Schon das Cover lädt dazu ein, gemeinsam mit den Kindern zu überlegen, worum es in der Geschichte gehen könnte. Was könnte wohl die „Sache mit der Liebe" sein? Nach was riecht, schmeckt, hört sich Liebe an? Wie heißt das Gemüse, das auf dem Cover zu sehen ist? Wer hat es schon mal gegessen? Die Geschichte kann im Ganzen oder in einzelnen Abschnitten erkundet werden. Bei Letzterem empfiehlt es sich, besonders die Einleitung, das Wunder der Schöpfung, Teo und seine Schwester Klara sowie Teos Blick auf sich selbst in den Fokus zu nehmen.

Nach dem Lesen der Geschichte können Sie mit den Kindern ins Gespräch kommen und auch anhand von Methoden zur kreativen Weiterarbeit einladen, das Gehörte in Verbindung zum eigenen Leben zu bringen.

Impulsfragen
– Was hat euch besonders gut gefallen an der Geschichte?
– Gibt es etwas, das euch nicht gefallen hat?
– Gibt es einen Teil in der Geschichte, von dem ihr meint: Das ist das Wichtigste?
– Gibt es etwas in Teos Leben, das ihr kennt? Vielleicht habt ihr etwas Ähnliches auch schon einmal erlebt?
– Teo hat eine ganze Menge erlebt in der Geschichte. Wo, würdet ihr sagen, ist die Liebe in der Geschichte? Könnt ihr sie entdecken?
– Im Deutschen sagt man manchmal „Mit dem Herzen entscheiden", wenn man meint, dass etwas aus Liebe geschehen ist. Findet ihr Situationen, in denen Teo mit dem Herzen entschieden hat?

4.4. KREATIVES ZUR WEITERARBEIT

4.4.1. Ein eigenes Liebesbuch basteln und gestalten
Mit einer einfachen Falt- und Schneideanleitung in acht Schritten (s. Kapitel 9.3.) können die Kinder selbst ein kleines Büchlein herstellen. Die einzelnen Seiten können nun von den Kindern gestaltet werden. Es können Situationen gemalt oder notiert werden, in denen sie die Liebe in ihrem Leben entdecken.

Arbeitsauftrag
Teo hat durch den Besuch von Philia die Liebe in seinem Leben entdeckt. Wo gibt es Situationen in eurem Leben, die auch voller Liebe sind? Überlegt in Ruhe und malt/schreibt dann pro Seite eine Situation.

Material
weißes DIN-A4-Papier
Schere
Stifte

4.4.2. Wo spürst du die Liebe? Landkarte der Liebe
An vielen unterschiedlichen Stellen in „Philia Fenchel und die Sache mit der Liebe" wird erzählt, wo man die Liebe im Körper wahrnehmen und spüren kann. Anhand einer eigenen „Landkarte der Liebe" können die Kinder sich selbst auf die Spur und ins Gespräch miteinander kommen. Den eigenen Körper zeichnen zu lassen und über persönliche Erfahrungen im Blick auf die Liebe ins Gespräch zu kommen setzt voraus, dass die Kinder sich sicher und geschützt fühlen. Je nach Größe der Gruppe bietet es sich an, von Vertrauenspersonen betreute Kleingruppen zu installieren.

Auf Tapetenrollen können die Kinder mit Hilfe/gegenseitig ihre Körperumrisse aufmalen.

Arbeitsauftrag
Wo spürt ihr die Liebe in eurem Körper? Welche Farben hat die Liebe? Vielleicht hat sie auch bestimmte Formen? Malt überall auf eurem Körper-

umriss die Liebe auf, wo ihr sie spüren könnt. Vielleicht findet ihr besondere Farben oder Formen, die deutlich machen, wie ihr die Liebe spürt?

Material
Tapetenrolle
Stifte/Wasserfarbe

4.4.3. Liebe geht durch den Magen. Wie schmeckt die Liebe?

In Deutschland gibt es das Sprichwort „Liebe geht durch den Magen." Kommen Sie mit den Kindern ins Gespräch darüber, was damit gemeint sein könnte. In Vorbereitung auf das Gespräch mit den Kindern können Sie Fenchelbonbons durch die Runde geben. Denn für Teo schmeckt die Liebe ganz sicher nach Fenchel.

Jesus selbst hat mit seinen Freund*innen gerne zusammen gegessen und getrunken. Auch bei ihm ging die Liebe durch den Magen. Das Abendmahl, das wir noch heute an vielen Orten auf der Welt gemeinsam feiern, ist nichts anderes als die Gewissheit: Gott liebt uns. Das können wir auch schmecken, wenn wir Brot und Wein miteinander teilen.

4.4.4. Philia für dich. Kinder gestalten ihre eigene Fenchelfigur

Für Teo verändert sich durch die Begegnung mit Philia eine ganze Menge. Er gewinnt einen neuen Blick auf sein Leben und seine Möglichkeiten, die Liebe im eigenen Leben wirksam werden zu lassen. Mit einfachen Materialien können die Kinder eigene Philias gestalten.

Material
Filz in weiß/creme
Acrylfarbe in (hell)grün, Pinsel
Bastelschere
Bleistift
Filzstift in schwarz und rot
(Füll-)Watte
Textilkleber
Basteldraht grün, 3 mm, alternativ: Pfeifenputzer grün
optional: Wackelaugen, Wäscheklammern, Nadel und Faden zum
Aufnähen der Drahtbrille

Anleitung

Zunächst wird das Schnittmuster von Philia (s. Kapitel 9.4.) auf den Filz aufgezeichnet und doppelt ausgeschnitten. Mit einem Textilkleber lassen sich nun die beiden Hälften von Philia am Rand gut zusammenkleben. Achtung: Am unteren Teil von Philia muss eine kleine Öffnung gelassen werden, um nach dem Trocknen der Klebe die Watte hineinzufüllen.

In einem nächsten Schritt kann mit Acryl- oder Abtönfarbe der obere Teil von Philia hellgrün angemalt werden. Das Gesicht (s. Schnittmuster) kann – ebenso wie bei Teo – mit einem Filzstift aufgezeichnet werden. Eine weitere Möglichkeit für die Gestaltung des Gesichts bieten runde Wackelaugen, die mit dem Textilkleber aufgebracht werden können. Die Brille von Philia kann optional aus Pfeifenputzerdraht oder Basteldraht gebogen werden. Der Pfeifenputzerdraht klebt anschließend wunderbar mit dem Textilkleber. Die Drahtbrille müsste mit zwei oder drei Stichen festgenäht werden, da brauchen v.a. jüngere Kinder Hilfe und Unterstützung.

Zum Schluss kann Philia mit der Füllwatte gefüllt werden. Anschließend wird die Öffnung mit dem Textilkleber geschlossen. Wäscheklammern halten die Klebenaht ganz gut, bis der Kleber durchgetrocknet ist.

5. „ALLES, WAS IHR TUT, GESCHEHE IN LIEBE." JAHRESLOSUNG 2024

5.1. ZUM HINTERGRUND DES TEXTES (1. KORINTHER 16,14)

Der Satz der Jahreslosung 2024 führt mitten hinein in das Wirken und Denken von Paulus, dem großen Apostel im ersten Jahrhundert nach Christi Geburt. Denn dieser begann nur wenige Jahre nach Jesu Tod die ersten Gemeinden von Anhänger*innen Jesu zu gründen. Er unternahm lange und aufreibende Reisen im Mittelmeerraum, um den Menschen dort von Jesus Christus zu erzählen. Paulus war, wie Jesus, Jude. Durch die Botschaft von Jesus wollte er besonders nichtjüdische Menschen aus vielen fremden Ländern zum Glauben an Gott bringen. Die Gemeinden in den griechischen Städten Philippi, Thessaloniki, Beröa, Korinth und Ephesus, in der Gegend Galatien in der heutigen Türkei und in und um Damaskus im heutigen Syrien gehen aller Wahrscheinlichkeit nach auf Paulus und seinen missionarischen Einsatz zurück.

Nach den Gemeindegründungen blieb Paulus mit den Gemeinden durch Briefe in Kontakt. Da es allerdings im ersten Jahrhundert n.Chr. kein öffentliches Postwesen gab und Briefe durch Boten und/oder Reisende überbracht werden mussten, war der Austausch zu akuten Fragen oder Problemen vor Ort schwierig. Denn es konnte keinesfalls mit einer schnellen brieflichen Reaktion gerechnet werden.

Für Paulus jedoch waren seine Briefe ein geeignetes Mittel, um Probleme zu analysieren und womöglich zu lösen, theologische Positionen zu erklären und die Gemeinden an das gemeinsame Fundament – Leben, Sterben und Auferstehung Jesu Christi – zu erinnern. Sie sind also tatsächlich Zeugnisse eines echten Dialogs. Nicht unwichtig ist dabei die Identifikation der Empfängergemeinden. Denn diese waren – nicht anders als heute – sehr unterschiedlich zusammengesetzt und hatten mit verschiedensten Problemen zu kämpfen. Die Gemeinde in Korinth hatte viele Schwierigkeiten. Woher wir das wissen?

Der 1. Korintherbrief ist durchgängig durch die Lage vor Ort bestimmt und informiert uns auf diesem Weg so detailliert über die Adressat*innen wie kein anderer paulinischer Brief. Die Gemeinde scheint – wohl etwa vier Jahre nach ihrer Gründung – von starken Spannungen geprägt zu sein. Neben verschiedenen Parteien innerhalb der Gemeinde erwähnt Paulus eine Spannung zwischen Arm und Reich beim Herrenmahl, Differenzen bei der Haltung zum Götzenopferfleisch, in der Wertung der Geistesgaben und der Totenauferstehung. Alles in allem: Eine schwierige und konfliktreiche Situation! Paulus versucht nun in seinem Brief, zu all den einzelnen Problemen und Schwierigkeiten Stellung zu nehmen und schwört die Korinther im Hinblick auf Einheit und Eintracht im Hinblick auf das gemeinsame evangeliumsgemäße Leben ein. Der Satz der Jahreslosung stammt aus dem letzten, abschließenden Teil des Briefes im 16. Kapitel und gleicht einer inhaltlichen Zusammenfassung des Vorhergehenden: „Alles, was ihr tut, geschehe in Liebe." (1. Korinther 16,14)

Das paulinische Verständnis von Liebe (griech. Agape) ist sehr allumfänglich und durchzieht alle seine Briefe. Es kann sogar eine gewisse Entwicklung dieser Liebestheologie im Laufe seiner Briefe nachvollzogen werden. Ursprung und Quelle der Liebe ist für Paulus immer Gott selbst. Weil Gott die Menschen so sehr liebt, gibt er seinen Sohn Jesus Christus in die Welt, in der er gekreuzigt wird. Gott lässt Jesus aber nicht im Tod, sondern zeigt in seiner Auferweckung das neue Leben. Für Paulus kann daraus nur folgen, dass wir selbst, Gottes geliebte Kinder, zur Liebe in all unserem Tun und Denken aufgerufen sind.

5.2. DER TEXT UND DIE KINDER

Auf den ersten Blick scheint die Jahreslosung 2024 einfach und klar verständlich zu sein. Aber ist dieser Vers, der sich bei vielen Brautpaaren großer Beliebtheit erfreut, tatsächlich so einfach und klar? Was genau ist eigentlich Liebe? Wieso soll ich alles, was ich tue – Hausaufgaben, die kleine Schwester ärgern, das Kinderzimmer aufräumen – in Liebe tun? Und wie geht das eigentlich? Geht auch Streiten in Liebe?

Die Verwendung des Wortes „Liebe" als Substantiv könnte bei Kleinen wie auch bei Großen Irritationen hervorrufen. Denn „Liebe" kennen wir im alltäglichen Gebrauch oft als Verb. Wir lieben die Eltern, Geschwister, Großeltern, vielleicht das Haustier. Manche Menschen lieben wir auch nicht und haben im Miteinander unsere liebe Müh, vielleicht eine ähnliche Erfahrung, wie die Korinther sie damals miteinander gemacht haben.

Womöglich sind manche Kinder auch peinlich berührt, wenn sie von der Liebe hören. Die Liebe wird vielleicht als Privatangelegenheit verstanden, ein Gespräch darüber – zumal in einem nicht-familiären Kontext – erscheint dann fast unmöglich.

Was also meint Paulus mit seinen Worten? Was genau ist Liebe? Wo können wir sie entdecken? Und wie geht das genau, anderen Menschen in Liebe zu begegnen?

5.3. ERZÄHLVORSCHLAG

Der nachfolgende Erzählvorschlag nimmt den historischen Kontext der Entstehung der Jahreslosung 2024 auf und stellt ihn in einen für Kinder nachvollziehbaren Zusammenhang. Die paulinischen Worte „Alles, was ihr tut, geschehe in Liebe." sind für eine in Streit geratene Gemeinde geschrieben worden, die Mühe hatte, als Gemeinschaft zusammenzubleiben. Die Geschichte von Linos, Klio und Loukas erzählt den Konflikt der Gemeinde in Korinth aus der Perspektive der Kinder und bietet Möglichkeiten des Weiterdenkens und Anknüpfens für Kinder.

Mit der Methode des sog. Sprechzeichnens, unkomplizierten Zeichnungen für die wichtigen Charaktere der Geschichte, lässt sich die Erzählung mit einfachen Mitteln und ohne große kreative Fähigkeiten anschaulich und eindrucksvoll für Kinder erzählen. Die Zeichnungen können auf einer Flipchart zeitgleich zur Erzählung gemalt oder aufgeklebt werden. Genauso gut lassen sich aber auch die vorbereiteten und ausgeschnittenen Zeichnungen (festes Papier, mind. 160 g) in den Sand des Erzählsacks stecken.

Seit Stunden sind sie nun schon im Haus von Titius zusammen. Wie immer am ersten Tag der Woche.

Linos und Klio kennen das gut. Sie sind mit ihren Eltern gekommen. Sie freuen sich auf ein Wiedersehen und das leckere Essen.

Denn wie immer gibt es rund um das Abendmahl viele leckere Dinge: Weintrauben, Feigen, frisch gebackenes Brot und gebratenes Fleisch. Hm, lecker.

Während die Großen nun noch zusammensitzen, weiter essen und trinken, machen sich Linos und Klio auf leisen Sohlen davon. Denn im Haus von Titius lebt Loukas, der Sohn des Sklaven. Sie mögen ihn gerne. Er hat viele tolle Ideen und sie spielen gerne mit ihm. Wo er nur steckt? Wird er noch irgendwo gebraucht und hat vielleicht gar keine Zeit, mit ihnen zu spielen? Linos und Klio schauen in jeden Raum. Wo ist er nur?

Da, endlich entdecken sie ihn. Loukas sitzt mit herunterhängenden Schultern auf dem Boden und lehnt sich an einen Baum.

„Hey, Loukas", stößt Linos ihn an. „Komm, lass uns spielen!" „Ich will nicht spielen!", brummelt Loukas nur. „Du willst nicht spielen? Was ist los? Ist etwas passiert?" „Nein!", bringt Loukas wütend hervor. „Es ist alles wie immer! Das ist ja das Problem!" „Es ist alles wie immer?!", Klio schaut Loukas fragend an. „Was meinst du? Wir verstehen dich nicht!"

Loukas hebt den Kopf und schaut Linos und Klio ärgerlich an. „Ja, es ist alles wie immer! Ihr habt euch alle schön satt gegessen. Ihr und eure Eltern. Und Titius. Und der Tuchhändler Dareios und seine Familie, die Händlerin Phoebe und ihr Haus. Die Teller und Platten sind leer. Gleich, wenn die Sklaven der anderen Häuser dazukommen, wenn mein Vater endlich fertig ist mit der Arbeit, ist nichts mehr da. Denn ihr habt alles aufgegessen! Und wir haben weiter Hunger!" Wütend kickt Loukas einen Stein weg.

Linos und Klio machen betretene Gesichter. Es gibt Ärger und Streit beim Abendmahl?! Das ist neu für sie. Ganz ruhig lassen sie sich neben Loukas nieder. Warten ab. Nach einer Weile sagt Klio: „Loukas, uns war nicht klar, dass es hier Schwierigkeiten und Streit gibt. Willst du uns vielleicht nochmal davon erzählen? Vielleicht können wir gemeinsam überlegen, was wir tun können?"

Endlich schaut Loukas sie an. „Ich weiß, dass ihr beide nichts dafürkönnt. Und ich freue mich immer, wenn ihr hier seid und wir zusammen spielen können. Aber so geht es einfach nicht weiter. Am Tag des Herrn kommt die Gemeinde hier im Haus zusammen. Aber einige von uns gehören irgendwie nicht richtig dazu. Mein Vater zum Beispiel. Er arbeitet hart hier im Haus von Titius und kann erst dazukommen, wenn alles andere erledigt ist. Ebenso die Fischer und Hafenarbeiter. Wenn wir am späten Nachmittag dazukommen, um mit allen Anderen Abendmahl zu feiern, sind alle Teller und Platten leer. Vom gemeinsamen Essen sind nur noch ein paar Reste übrig. Das kann doch nicht der Sinn der Sache sein! Mein Vater sagt immer, dass wir alle gleich sind am Tisch des Herrn. Jeder gehört dazu. Und es wird geteilt, was da ist. Aber das ist hier nicht der Fall. Hier schlagen die Reichen sich die Bäuche voll. Und wir dürfen schauen, wo wir bleiben!"

Linos und Klio reißen die Augen auf. So haben sie noch nicht darüber nachgedacht. Aber Loukas hat recht: Das ist nicht in Ordnung. So ging es nicht weiter. Klio fragt: „Aber was sollen wir tun? Habt ihr eine Idee?"

Loukas seufzt: „Wir warten seit Wochen auf eine Antwort von Paulus. Wir haben ihm einen Brief geschrieben und ihn gefragt, was wir nun machen sollen. Was der richtige Weg ist! Aber noch ist keine Antwort von ihm da…"

Linos sagt: „Wisst ihr was?! Wir warten nicht auf Paulus Antwort! Das kann ja noch ewig dauern! Wir überlegen uns selbst, was wir tun können!" Loukas und Klio starren ihn an: „Wir?!" „Na klar", sagt Linos. „Wir beraten uns und nehmen das Ganze selbst in die Hand! Seid ihr dabei?" Ein Lächeln huscht über Loukas Gesicht. „Also, ich bin dabei", sagt er. „Ich auch", ergänzt Klio. „Dann lasst uns überlegen", sagt Linos. „Wie können wir das Problem lösen?"

Impulsfragen
- In der Gemeinde von Linos, Klio und Loukas gibt es Streit. Wann habt ihr das letzte Mal einen Streit erlebt? Wie geht es euch, wenn ihr streitet? Spürt ihr das irgendwo in eurem Körper? Wie fühlt sich Streit im Körper an?
- Was macht ihr, wenn es einen Streit gibt?
- Was habt ihr gemacht, um den Streit zu lösen? Was hat geholfen? Was nicht?
- Sammelt gemeinsam Ideen, was Linos, Klio und Loukas tun könnten, um den Streit in der Gemeinde zu klären. Was könnte helfen, den Streit beizulegen?

Mit älteren Kindern
- Ergänze den Satz: „Alles, was ihr tut, …"
Wenn Sie mit einer konstanten Gruppe von Kindern arbeiten, können die Kinder gemeinsam einen Vertrag/eine Vereinbarung für das gemeinsame Miteinander ausarbeiten. Leitfragen können sein: Wie wollen wir miteinander umgehen? Was tun wir, wenn es Ärger und Streit gibt? Worauf wollen wir in unserer Gruppe besonders achten? Was ist uns in unserem Miteinander wichtig? Es bietet sich an, diese Überlegungen als Vertrag gemeinsam zu gestalten und für alle sichtbar und einsehbar z.B. im Klassenraum aufzuhängen.

5.4. KREATIVES ZUR WEITERARBEIT

Der Satz der Jahreslosung steht über dem Jahr 2024 wie ein Motto oder eine Überschrift. Wie schön ist es, wenn Kinder diesen Satz im Rahmen einer eigenen Gestaltung mit nach Hause nehmen können und dort das ganze Jahr hinweg immer wieder sehen können. Die kreative Gestaltung kleiner Rahmen oder Leinwände bietet sich hierfür an. Kleinere Kinder können Symbole, Farben und Materialien aussuchen, die für sie die Jahreslosung symbolisieren. Als Materialien sind buntes Papier, Farben und Stifte, Glitzersteinchen, Perlen, Naturmaterialien und vieles andere denkbar.

Ältere Kinder haben sicherlich schon Freude daran, die Worte der Jahreslosung besonders zu gestalten. Vielleicht möchten sie einzelne Worte hervorheben oder kalligraphische Buchstaben mit einarbeiten.

Material

kleine Rahmen, kleine Leinwände

farbiges Papier, Stifte, Acrylfarben, Glitzersteine, Perlen, Naturmaterialien
Klebe

für ältere Kinder: kalligraphisches Alphabet, kalligraphische Elemente

6. GOTTES GLANZ AUF MEINEM GESICHT

6.1. ZUM HINTERGRUND DES TEXTES (2. MOSE 33 + 34 IN AUSZÜGEN)

Im Dreiklang der Gebote um Gottesliebe, Nächstenliebe, Selbstliebe geht es immer darum, wen wir lieben sollen: Gott, unsere Nächsten und uns selbst.

In dieser Einheit soll nun der Aspekt der Gottesliebe vertieft werden. In 5. Mose 6,4-6 heißt es: „Höre, Jisrael, der Ewige ist unser Gott, der Ewige ist einzig. Du sollst den Ewigen, deinen Gott, mit deinem ganzen Herzen und mit deiner ganzen Seele lieben: so fest du kannst." (Übersetzung: Erzähl es deinen Kindern. Die Thora in fünf Bänden, Bd. 5 Devarim, 48)

„Der Ewige" steht in dieser Übersetzung anstelle des Gottesnamen. In jüdischer und auch seit frühester christlicher Tradition wird der Gottesname nicht ausgesprochen. „Ich-bin-da" oder „Ich bin der, der für euch da ist" ist eine Möglichkeit den Namen Gottes zu übersetzen (vgl. 2. Mose 3,14f.; Übersetzung: Erzähl es deinen Kindern. Die Thora in fünf Bänden, Bd. 2 Schemot, 25).

Auf der Suche nach einer biblischen Geschichte, die diese Liebe zu Ich-bin-da deutlich macht, haben wir schnell gemerkt, dass es nicht einfach ist, dafür eine einzelne zu finden. Die Bibel erzählt in langen Geschichten von Menschen, die in ihrem ganzen Handeln von der Liebe zu Gott getragen werden: Mose, Elia, Jesaja, Jeremia, Daniel, überhaupt alle Propheten, Jesus. Ohne ihre Liebe zu Ich-bin-da wäre das, was sie tun, gar nicht möglich. Die Geschichten dieser Menschen erzählen von ihrer Beziehung zu Ich-bin-da oder auch von der Beziehung einer ganzen Gruppe von Menschen – wie dem Volk Israel – zu Ich-bin-da. Diese Beziehung ist jeweils entstanden, weil zuerst Ich-bin-da sich einem Menschen oder einer Menschengruppe liebend, liebevoll handelnd zugewendet hat. Den ersten Schritt in dieser

Liebes-Beziehung macht Ich-bin-da, es ist also Gottes Liebe. Die Antwort des Menschen darauf ist dann die menschliche Liebe zu Ich-bin-da, also die Gottesliebe. So eine liebevolle Beziehung zwischen Ich-bin-da und Mensch hat sichtbare Folgen, die auch andere wahrnehmen können. Eine Geschichte, die das sehr schön verdeutlicht, ist ein kleiner Teil der Geschichte von Mose und Ich-bin-da: 2. Mose 33,7-23; 34,1-8.27-35. Für diesen Teil haben wir uns entschieden, um den Aspekt der Gottesliebe zu vertiefen.

Mose und Ich-bin-da pflegen einen freundschaftlichen Umgang (2. Mose 33,11). Sie sprechen vertrauensvoll miteinander. Ich-bin-da erklärt Mose genau, was geplant ist, zieht ihn also ins Vertrauen. Das bringt Mose dazu, seinerseits vertrauensvoll für sein Volk einzutreten und schließlich sogar darum zu bitten, den Glanz Gottes, Gottes ganzes Gewicht (im Deutschen meist mit dem engführenden Begriff „Herrlichkeit" übersetzt) sehen zu dürfen. Ich-bin-da erlaubt das und kümmert sich zudem ganz fürsorglich um Mose. Der Glanz Gottes ist so unermesslich, dass Menschen den direkten Anblick nicht überleben würden. Darum schlägt Ich-bin-da Mose vor, sich zum Schutz in eine Felsspalte zu stellen. Ich-bin-da wird seine schützende Hand über Mose halten, bis der ganze Glanz Gottes vorbeigezogen ist. Anschließend wird Ich-bin-da die Hand wegnehmen und Mose kann dem Glanz hinterhersehen. Diese liebevolle Art Gottes, mit Mose umzugehen, färbt ab. Denn immer, wenn Mose nun mit Ich-bin-da gesprochen hat, strahlt sein eigenes Gesicht etwas von diesem göttlichen Glanz wider. Und selbst dieser Abglanz ist noch so stark, dass die Menschen seines Volkes davor erschrecken und Mose sich lieber eine Decke über den Kopf zieht. Von Gott geliebt zu werden und Gott zu lieben, strahlt ab. Die Liebe wird für andere sichtbar. Eine weitere Form, die Liebe Gottes sichtbar zu machen, besteht in der Art und Weise, wie wir mit Anderen umgehen.

6.2. DER TEXT UND DIE KINDER

„Du strahlst ja so!" Den Satz haben Kinder sicher schon einmal gehört. Er wird – in der Regel von Erwachsenen – gesagt, wenn den Kindern die Freude über etwas anzusehen ist. Wenn sie selber etwas Gutes erlebt haben, z.B. die Begegnung mit einem lieben Menschen, ein besonderes oder lang gewünschtes Geschenk, oder etwas, das sie getan haben und worauf sie stolz sind, dann ist ihnen das anzusehen. Sie strahlen über das ganze Gesicht, so wie Mose in der Geschichte. Kinder machen auch die Erfahrung, dass ihr eigenes Tun andere strahlen lässt: Freund*innen, die Eltern oder Großeltern. Das eigene Strahlen oder das Strahlen anderer ist in der Regel eine Reaktion, die durch das Verhalten eines Gegenübers ausgelöst wird. Es ist das Ergebnis von Beziehung und Freude. Die Kinder können in der Geschichte daran anknüpfen, dass Mose seine guten Erfahrungen und seine gute Beziehung zu Ich-bin-da anzusehen sind. Mose strahlt auch deshalb, weil er diese Beziehung erwidert, weil er Ich-bin-da lieb hat. Denn Mose hat Ich-bin-da als liebende und sorgende Gottheit erlebt. Die Vorgeschichte zu unserem Text, nämlich die Befreiung aus Ägypten und das Versorgen des Volkes Israel in der Wüste, also Gottes liebevolles Handeln, sind die Voraussetzung für Mose, um seinerseits Ich-bin-da zu lieben.

6.3. ERZÄHLVORSCHLAG: „MOSE SCHAUT GOTTES GLANZ UND STRAHLT"

(2. Mose 33,7-23; 34,1-8.27-35 in Auswahl)

Material
Sanderzählsack (zu bestellen bei den Lindenwerkstätten, Diakonie Leipzig, Preis 39,- €), alternativ ein sehr festes Tuch
Quarz- oder Fugensand aus dem Baumarkt (10 kg-Sack, ist beim Kauf immer trocken), alternativ: feiner Spielsand (20 kg-Sack, ist beim Kauf nass und muss erst getrocknet werden)
sechs Volk Gottes-Figuren, einer als Mose, fünf als Volk (zu bestellen bei www.godlyplay-materialien.de), alternativ: Holzfigurenkegel
ein goldfarbenes oder gelbes Chiffontuch
ein großer Stein, auf dem eine Figur stehen kann
ein Körbchen, um darin die Figuren, den Stein und das Tuch aufzubewahren

GESCHICHTE

Was man tut (alle Fotos und Anweisungen aus Sicht der Erzählerperson)	Was man erzählt
Legen Sie den geschlossenen Sandsack vor sich auf den Boden, stellen Sie das Körbchen mit den Materialien neben sich.	Ich möchte euch eine Geschichte zeigen, von Mose und von Ich-bin-da. Das ist Gottes Name.
Schauen Sie die Kinder der Reihe nach an und fragen Sie jedes einzelne (laut oder durch Blickkontakt und Nicken):	Bist du bereit für eine Geschichte?
Falls ein Kind „Nein" sagt, fragen Sie bitte nach: *Unterstützen Sie das Kind dann dabei.* *Ein Kind, das gar nicht bereit werden kann, darf den Erzählkreis verlassen.*	Kann ich etwas tun, das dir hilft bereit zu werden?

Ab jetzt ist Ihr Blick nur noch auf das Erzählmaterial gerichtet, zur eigenen Konzentration und um die Aufmerksamkeit der Kinder auf das „Wichtige" = die Geschichte zu lenken.

Öffnen Sie den Sanderzählsack.
(Der folgende Einleitungstext zur Wüste nimmt die Wüsteneinleitungen von Godly Play auf, vgl. Jerome Berryman, Godly Play Bd. 2: Glaubensgeschichten.)

Das ist die Wüste. In der Wüste sind viele wichtige und wunderbare Dinge für das Volk Gottes geschehen. Darum ist es wichtig, dass wir ein bisschen wissen, was es mit der Wüste auf sich hat.

Während Sie erzählen, schieben Sie mit einer Hand den Sandhügel in verschiedenen Formen auseinander, bis schließlich die Spielfläche entstanden ist, die Sie für die Geschichte haben wollen.

Die Wüste ist ein gefährlicher Ort. Ständig verändert sie ihr Aussehen und es ist schwer, immer genau zu wissen, wo man gerade ist. In der Wüste gibt es kaum Wasser. Und wenn man kein Wasser findet, verdurstet man. In der Wüste wächst auch nicht viel. Am Tag brennt die Sonne ganz heiß und in der Nacht ist es bitterkalt. Wenn der Wind geht und einen der Flugsand trifft, dann ist das wie Peitschenhiebe und in einem Sandsturm kann man sogar ersticken. Die Wüste ist ein gefährlicher Ort. Menschen gehen nicht gern hinein. Es sei denn, sie müssen.

Nehmen Sie die Mose-Figur aus dem Korb und legen Sie sie in Ihre geöffnete Hand. Zeigen Sie die Figur in der Hand liegend im Kreis herum, während Sie sagen:

Das ist Mose. Im Auftrag von Ich-bin-da und mit Ich-bin-da's Hilfe hat er das Volk Israel aus Ägypten, aus der Sklaverei geführt.
Als Feuer- oder Wolkensäule war Ich-bin-da vor ihnen hergegangen. Durchs Schilfmeer waren sie gezogen.

Stellen Sie Mose direkt vor sich am Wüstenrand in den Sand.	Bis in die Wüste hinein.
Nehmen Sie die anderen fünf Figuren der Reihe nach aus dem Korb, zeigen Sie sie in Ihrer geöffneten Hand herum und stellen Sie sie dann hinter und um Mose herum in den Sand.	Das sind die Menschen vom Volk Gottes.
Bewegen Sie Mose langsam, ein wenig suchend mit Pausen, mal nach rechts, mal nach links gehend durch den Sand vorwärts. Schließlich bleibt er stehen. Lassen Sie das Volk entsprechend folgen.	Von nun an ging Mose den Menschen vom Volk Gottes voran und zeigte ihnen den Weg.

Bei „Wasser" halten Sie Ihre rechte Hand wie eine gewölbte, geöffnete Schale neben Mose.
Lassen Sie die Figuren an die Schale herantreten, als ob sie aus einem Brunnen trinken wollten.

Wenn der Durst zu groß wurde, ließ Ich-bin-da sie Wasser finden.

Nehmen Sie Ihre Hand wieder weg und lassen Sie Mose langsam ein Stück weitergehen, das Volk folgt. Halten Sie dann wieder an.

Bei „Essen" legen Sie Ihre linke, flache, geöffnete Hand neben Mose auf den Sand. Versammeln Sie die Figuren um ihre Hand wie um einen Tisch.

Wenn der Hunger zu groß wurde, versorgte Ich-bin-da sie mit Essen.

Nehmen Sie Ihre Hand wieder weg und lassen Sie Mose langsam ein Stück weitergehen, das Volk folgt. Halten Sie dann wieder an.

Legen Sie den großen Stein in das hintere Drittel der Wüste.

Das ist der Berg Gottes.

Lassen Sie die Figuren zum Berg wandern und dort anhalten.

Dort lagerten sie.

Lassen Sie Mose auf den Berg steigen und dort stehen. 	Mose allein stieg auf den Berg.
Halten Sie Ihre rechte Hand wie eine gewölbte Mauer an Moses rechte Seite.	Da kam Ich-bin-da Mose so nahe
Halten Sie nun Ihre linke Hand genauso an Moses linke Seite, so dass er von beiden Händen „eingehüllt" wird.	und Mose kam Ich-bin-da so nahe, dass sie wie Freunde miteinander reden konnten. Und Ich-bin-da erzählte Mose alles, was er dem Volk sagen sollte.
Nehmen Sie Ihre Hände wieder weg.	Das dauerte viele, viele Tage. Die Menschen vom Volk Gottes wurden unruhig. Vielleicht war Mose etwas passiert? Vielleicht war Ich-bin-da längst weg?

Wenden Sie das Volk ein wenig vom Berg ab und lassen Sie es etwas vom Berg weggehen.	Da wandten sie sich ab von Ich-bin-da. Und sie bauten sich einen eigenen Gott.
Lassen Sie Mose vom Berg hinabsteigen und zu den Menschen gehen.	Als Mose vom Berg zurückkam und sah, was die Menschen getan hatten, war er sehr zornig darüber.
	Auch Ich-bin-da war zornig. Was würde nun geschehen?
	Mose erinnerte sich an alles, was Ich-bin-da für sie getan hatte: Wie Ich-bin-da sie befreit hatte. Und wie Ich-bin-da sie in der Wüste versorgt hatte. Mose dachte: „Ich-bin-da wird uns doch jetzt nicht im Stich lassen?" Darum stieg er wieder auf den Berg, um mit Ich-bin-da zu reden.
Mose geht wieder auf den Berg. Oben:	Mose sagte: „Gott sei gnädig! Verzeihe deinem Volk!"

Mose geht zum Volk zurück. Dann die Volkfiguren Mose zuwenden und sagen:	Dann ging Mose zurück vom Berg und erklärte dem Volk Gottes Worte.
Lassen Sie Mose genau in die Mitte zwischen Volk und Berg gehen, Blick zu den Kindern. 	Nun war er erschöpft – und unsicher.
Wenden Sie Mose dem Berg zu.	Würde Ich-bin-da weiter ihr Gott sein? Würde Ich-bin-da sich ihnen wieder gnädig zuwenden, trotz des Streites?
Lassen Sie Mose langsam und müde wieder auf den Berg steigen und dort stehen.	Mose sagte zu Gott: „Du hast gesagt, dass ich vor deinen Augen Gnade gefunden habe. Aber jetzt bin ich mir nicht mehr sicher. Du hast mir noch nicht gesagt, wie es weitergehen soll. Und ich weiß nicht, ob du immer noch vor uns hergehen wirst?"

Da sagte Ich-bin-da: „Beruhige dich! Hab keine Angst! Ich kenne dich mit deinem Namen. Meine Gnade gilt! Ich will weiter vor euch herziehen!" Vielleicht war es die Erleichterung darüber, vielleicht seine Erschöpfung, die Mose eine ungeheuerliche Bitte aussprechen ließ: „Lass mich den Glanz und das ganze Gewicht Deiner Göttlichkeit sehen!" Ich-bin-da antwortete: „Ich will all meine Güte vor dir vorübergehen lassen. Denn mein Name bedeutet Gnade und Erbarmen: Wem ich gnädig bin, dem bin ich gnädig und wessen ich mich erbarme, dessen erbarme ich mich. Du weißt, kein Mensch kann mein Gesicht sehen. Der Glanz ist zu groß. Das würdest du nicht überleben. Aber hab keine Angst."

Halten Sie Ihre linke Hand schützend vor und über Mose (die Finger zeigen dabei nach unten), so dass er den Blicken der Kinder entzogen ist.

Behutsam und schützend hielt Ich-bin-da eine Hand über Mose,

Nehmen Sie das goldene/gelbe Chiffontuch und ziehen Sie es über den Handrücken Ihrer linken Hand, über den Berg und hinunter in den Sand. Lassen Sie es dort liegen.

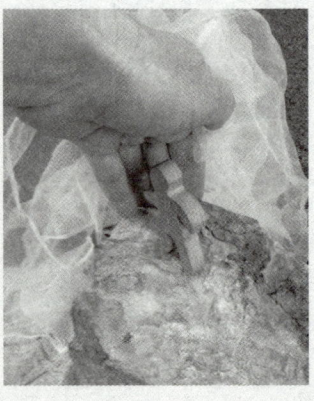

als der göttliche Glanz an ihm vorüber zog.

Nehmen Sie Ihre Hand von Mose weg und drehen Sie Mose so, dass er hinter dem Tuch hersehen kann.

Ich-bin-da nahm die Hand erst weg, als Mose dem Glanz Gottes sicher hinterhersehen konnte.

Und selbst jetzt noch war der göttliche Glanz so wunderbar, dass Moses Gesicht von nun an immer leuchtete, wenn er mit Ich-bin-da gesprochen hatte. Und alle Menschen vom Volk Gottes konnten diesen Gnadenglanz auf seinem Gesicht sehen.

Lockern Sie Ihre Haltung, heben Sie den Blick und schauen Sie die Kinder an.

Die folgenden Fragen sind ergebnisoffen und laden die Kinder zum Gespräch ein. Wer etwas sagen möchte, kann, keiner muss! Jede Antwort hat ihr Recht, wird wahrgenommen, aber nicht bewertet. Als Erzähler*in beantworten Sie die Fragen für sich im Stillen, bringen Ihre Ideen aber nicht in das Gespräch der Kinder ein.

Die Fragen 1-4 stammen aus der Ergründungsphase bei Godly Play, vgl. Jerome Berryman, Godly Play.

Sie können nur mit diesen vier Fragen arbeiten. Sie können etwas von den Fragen 5-7 ergänzen. Oder Sie arbeiten nur mit den Fragen 5-7.

1. Ich frage mich, welchen Teil der Geschichte du am liebsten magst?

2. Ich frage mich, welcher Teil wohl der wichtigste ist?

3. Ich frage mich, ob es eine Stelle in der Geschichte gibt, die von dir erzählt, in der du vorkommst, etwas, das du auch kennst?

4. Ich frage mich, ob wir einen Teil weglassen könnten und hätten immer noch alles, was wir für die Geschichte brauchen?

5. Ich frage mich, was die Menschen vom Volk Gottes von nun an wohl gesehen haben, wenn sie Mose ins Gesicht geschaut haben?

6. Ich frage mich, was dieser Glanz auf Moses Gesicht mit seiner Liebe zu Ich-bin-da zu tun haben könnte?

7. Ich frage mich, wie wir strahlen, wenn wir Ich-bin-da lieb haben? Und woran andere das erkennen könnten?

6.4. KREATIVES ZUR WEITERARBEIT: LEUCHTENDE GESICHTER GESTALTEN

bei viel Zeit	bei wenig Zeit:
(z.B. Kibiwo): Gipsmasken	einfache Masken

Material	**Material**
Gipsbinden	Vorlage Maske (einfache Kopf-
Scheren	form mit zwei Augen) für jedes
Vaseline	Kind auf weißen Karton kopie-
Strohhalme	ren oder zeichnen
Handtuch zum Unterlegen	Scheren
Schüsseln mit Wasser	ggf. Wolle
Möglichkeit zum Gesicht	ggf. Kleber oder Doppelklebe-
waschen	band
Pinsel	Jaxon-Ölkreiden / Wachsmalstifte
Acrylfarben	/ Buntstifte / Wasserfarben
Wasserbecher zum Ausspü-	ggf. Glitzer / Glitzerpapier / Ho-
len der Pinsel	logrammfolie o.ä.
Pappteller als Farbpalette für	Gummiband
jedes Kind	
Folie / Zeitung zum Unter-	
legen	
ggf. Kittel oder Müllsäcke	
mit Löchern für Kopf und	
Arme	

Anleitung

1. Je zwei Personen arbeiten gemeinsam und wechseln sich ab.
2. Gipsbinden in Streifen schneiden
3. Gesicht mit Vaseline einreiben
4. hinlegen, Kopf auf Handtuch
5. Nasenlöcher und Augen bleiben frei, Mund wird zugegipst, wer will kann noch einen Strohhalm zum Atmen in den Mund stecken
6. Gipsstreifen kurz in Wasser tauchen, dann auflegen (quer, überlappend, mehrlagig)
7. Maske auf dem Gesicht antrocknen lassen
8. Maske vorsichtig abziehen, trocknen lassen
9. Gesicht säubern
10. Getrocknete Maske mit Acrylfarbe bemalen: Wie sieht wohl ein Gesicht mit Gnadenglanz und Leuchten aus?

Anleitung

1. Maske ausschneiden
2. Augen ausschneiden
3. Maske bemalen, bekleben, beglitzern: Wie sieht wohl ein Gesicht mit Gnadenglanz und Leuchten aus?
4. ggf. Wolle als Haare ankleben
5. mit der Schere links und rechts etwa auf Augenhöhe ein Loch einstechen
6. Gummiband durch die Löcher ziehen und festknoten

7. LIEBE DEINE NÄCHSTEN, SIE SIND WIE DU!

7.1. ZUM HINTERGRUND DES TEXTES (MARKUS 7,24-30)

Die Jahreslosung fordert uns auf, alles in Liebe geschehen zu lassen. Dies betrifft auch unseren Umgang untereinander. Wir kennen alle das Gebot der Nächstenliebe:

„Du sollst deinen Nächsten lieben wie dich selbst." (Markus 12,31)

Es handelt sich um eine Teilantwort Jesu auf die Frage nach dem wichtigsten Gebot. Das Gebot der Nächstenliebe kommt nicht in den 10 Geboten vor. Jesus war es aber wichtig, die Nächstenliebe, die auch im Zentrum des Alten Testaments steht, zu den Zehn Geboten mit dazu zunehmen. Für ein gelingendes Zusammenleben braucht es Regeln. Jede Gemeinschaft weiß um Konflikte. Die Nächstenliebe beinhaltet faire und möglichst vorurteilsfreie Konfliktlösungen – auf Augenhöhe. Die Achtung, die ich vor mir selbst habe, gewähre ich auch meinen Nächsten. Der Anspruch findet sich auch schon ganz zentral im Alten Testament:

„Du sollst deinen Nächsten lieben wie dich selbst." (3. Mose 19,18)

Im Judentum ist die Nächstenliebe dementsprechend von großer Bedeutung. Die Auslegung der Nächstenliebe gilt für das soziale Miteinander einer Gemeinschaft, aber auch nach außen, zu Menschen, die nicht zum Volk Israel gehören. Schließlich weiß das Volk Israel auch um eigene Erfahrungen in der Fremde und bezeugt dies:

„Wenn ein Fremdling bei euch wohnt in eurem Lande, den sollt ihr nicht bedrücken. Er soll bei euch wohnen wie ein Einheimischer unter euch, und du sollst ihn lieben wie dich selbst; denn ihr seid auch Fremdlinge gewesen in Ägyptenland." (3. Mose 19,33f.)

Aus dieser respektvollen Haltung vor sich selbst und gegenüber der und dem Nächsten heraus dürfen wir Jesu Aufforderung von der Liebe zur*m

Nächsten wie folgt verstehen: Du wirst deine*n Nächsten lieben, er und sie sind wie du. Es ging Jesu darum, seinen Mitmenschen auf Augenhöhe zu begegnen. Die so aufgefasste Liebe ergänzt und erweitert die Jahreslosung „alles geschehe in Liebe" um den wichtigen Aspekt der Augenhöhe.

Die Geschichte „Die Syrophönizierin" (Markus 7,24-30) erzählt von genau einer solchen Begegnung auf Augenhöhe. Jesus begegnet einer Nichtjüdin und Nachbarin. Für Jesus ist diese Frau die Nächste. Unabhängig von ihrer Herkunft nimmt er sich ihres Anliegens an, der Bitte um Heilung ihres Kindes. Jesus zeigt sich hier ansprechbar und führt ein Gespräch auf Augenhöhe.

In der Einleitung der Geschichte werden Jesus und die Mutter durch ihre Herkunft eingeordnet und durch ihre Handlung beschrieben. Die Mutter gehört nicht dem Judentum an, scheint aber in die israelitische Gesellschaft integriert zu sein. Sie hat von Jesus und seinem Wirken gehört und dass er sich nun in ihrer Nähe aufhält. Im Erzählvorschlag wird sie als Nachbarin des Volkes Israel beschrieben. Sie macht sich auf zu ihm und vertraut sich ihm an. Ganz konkret bittet sie ihn um Heilung ihrer Tochter, die von einem sogenannten Dämon oder unreinen Geist befallen ist.
   Den Hauptteil der Geschichte macht ein Gespräch zwischen Jesus und der Mutter aus. Die Mutter hat so tiefes Vertrauen, dass sie mutig ihren Glauben bekennt. Jesus bezeichnet, so scheint es, im Dialog das Volk Israel als „Kinder". „Hunde" wird hingegen als provozierende Bezeichnung für Nichtisraeliten benutzt. Im gesellschaftlichen Miteinander haben aber alle, Israeliten und Nichtisraeliten Anteil am „Brot", sagt die Mutter. Und Jesus gibt ihr Recht. „Brot" steht für die Fülle von Gottes Wirken. Der Dialog malt ein Bild gelebter Nachbarschaft. Herkunft, Religion, Status und Geschlecht scheinen zweitrangig in einer Begegnung in Liebe zur*m Nächsten.

Das Wunder, die Dämonenaustreibung, ist die Folge des Dialoges auf Augenhöhe zwischen Jesus und der Mutter. Die Liebe zur*m Nächsten konkretisiert sich auch in der wohltätigen Nächstenliebe, die sich in der Wunderheilung des Kindes in der Geschichte zeigt. Der Inbegriff biblischer Nächstenliebe wird häufig ausgedrückt im Gleichnis des Barmherzigen Sa mariters. (Lukas 10,25-37) Wie man als Nächste*r handeln kann ist als allgemeingültige Lehre in der Goldenen Regel verankert, die Jesus, wie auch andere jüdische Lehrer seiner Zeit, mit der Nächstenliebe verknüpft hat: „Alles nun, was ihr wollt, dass euch die Leute tun sollen, das tut ihr ihnen auch!" (Matthäus 7,12)

7.2. DER TExT UND DIE KINDER

Viele Kinder kennen bereits die Geschichte vom Barmherzigen Samariter. Deshalb wird die eher unbekannte Geschichte von der Syrophönizierin für die Verdichtung der Jahreslosung ausgesucht. An dieser Geschichte erfahren Kinder von zwischenmenschlicher Liebe und einem respektvollen Umgang.

Kinder brauchen es gesehen zu werden. Sie sehen auch selbst gerne hin und alles an, solange sie nicht aus Scham oder Unsicherheit – etwa in großen oder neu zusammengestellten Gruppenkonstellationen – auf den Boden schauen. Das bewusste einander Ansehen wird schon in Begrüßungen eingeübt und kann in Spielen wie Zublinzeln gefördert werden.

Kinder wissen um den Wert gelebter Nachbarschaft und machen diesen durch ihr oft unbekümmertes Spiel Erwachsenen vor. Sie wissen auch um Konflikte. Mithilfe der biblischen Geschichte erfahren sie von einer Liebe zur*m Nächsten, die sich auf Augenhöhe abspielt und von gegenseitiger Achtung zeugt. Sie erweitern ihre Gottesvorstellung um den Ansatz, dass Jesus für jede*n ansprechbar ist – auch für alle Nachbar*innen unabhängig von Herkunft, Status, Religion und Geschlecht.

Kinder kennen ihre Nachbarskinder, auch wenn sie manchmal nicht mit ihnen spielen und sich nicht direkt trauen nachzufragen. Viele Bekanntschaften und Freundschaften entstehen durch Nachbarschaften über Jahre hinweg. Gelebte Nachbarschaften mit Verabredungen und gegenseitigen Einladungen, gemeinsamer Verantwortung für die Flurreinigung, manchmal sogar Gartentagen oder Straßenfesten, praktischer Hilfe wie Türenaufhalten, Besorgungen für alte und kranke Nachbar*innen oder Blumengießen während des Urlaubs verschaffen Mietshäusern, Spielstraßen und Siedlungen Lebensqualität … und viele Familien freuen sich, für tägliche Verabredungen nicht lange Verkehrswege auf sich zu nehmen, sondern vor Ort Austausch und Gemeinschaft am Gartenzaun zu erleben.

Kinder wissen aber auch um Schwierigkeiten wie verschlossenen Türen, Störungen durch Geräusche wie Staubsauger oder Laubbläser und zugeparkte Einfahrten mit verbundenen Hubkonzerten zu unmöglichen Uhrzeiten. Sie bekommen mit, wenn ihre Eltern sich ärgern, Konflikte lautstark oder gar nicht lösen und über ihre Familien schlecht geredet wird. Sie haben auch selbst Konflikte, mit denen sie nicht alleine gelassen werden dürfen, sondern für die sie Mut und Wege für friedliche Konfliktlösungen brauchen.

Oft erleben Kinder unterschiedliche familiäre Prägungen wie Alltagsregeln, religiöse Feste und soziale Rollen in direkter Nachbarschaft. Kinder fragen nach, warum Menschen für sie Selbstverständliches nicht dürfen und fühlen gerade mit den Kranken und Ausgeschlossenen in ihrem nahen Umfeld mit. Immigrierte Familien kennen das Gefühl, in ein neues Land und eine neue Kultur einzutauchen und über einheimische Privilegien zu stolpern – diese Verunsicherung spüren auch Kinder, wenn ihre Familien Schwierigkeiten bei Behördengängen haben, die Einheimische in der Regel im Übrigen auch haben ohne Sprachbarrieren. In einer Kultur bereits eingewöhnte Kinder spüren Verunsicherungen bei Neuaufgenommenen in ihrer Kitagruppe oder Klassengemeinschaft und zeigen meistens Interesse und Mitgefühl und eine Offenheit, die Erwachsene wirklich ermutigen kann, am Rande der Gesellschaft Stehende in die Mitte zu holen.

Im freien Spiel in Kita und Schulpausen, im Kindergottesdienst und im Sportverein erleben Kinder häufig, dass die Herkunft nicht entscheidend ist für das Miteinander. Der Wunsch von Kindern für andere Kinder etwas zu tun ist groß – und dass eine für ein Kind wichtigste Bezugsperson wie zum Beispiel eine Mutter fast alles für ein Kind tut, ist für die allermeisten Kindern nachvollziehbar.

Gerade in Zeiten voller gesellschaftlicher Konflikte brauchen Kinder Geschichten, die Trost, Zuversicht, Hoffnung stiften und religiöse Gemeinschaft als etwas Grenzüberschreitendes, als gelebte Nachbarschaft und praktizierende Nächstenliebe aufzeigt.

Der Schwerpunkt der Erzählung liegt auf den Personen, deren Handlung und Wirkung. In der Parallelstelle im Matthäusevangelium 15,21-29 kommen noch die Jünger hinzu. Das Wunder – die Heilung des Kindes – wird durch den Dialog zwischen der Mutter und Jesus auf Augenhöhe verdichtet. Die Kinder nehmen die Kraft der Mutter in Form von Liebe und Fürsorge für ihr Kind wahr. Die Schlagfertigkeit und Diskussionsbereitschaft der Mutter unterstreichen ihr Anliegen. Die Kinder können durch die Geschichte den Glauben als Mutmacher erfahren und deuten diesen in Ansätzen für ihre eigene Lebensgestaltung.

Die Erzählung wird aus der Ich-Perspektive des Kindes erzählt, um eine Identifikationsfigur für die Kinder zu bieten. Der Erzählvorschlag ist in drei Teile gegliedert:

1. Ich bin ein fröhliches Kind!
2. Einmal war ich ziemlich krank ...
3. Das Gespräch zwischen Jesus und meiner Mutter

Strukturiert wird die Geschichte durch einen wiederholenden Sprechgesang, der inhaltlich das Gottesbekenntnis der Mutter und das Wunder von der Heilung der Tochter darstellt. Durch die Wiederholung können die Kinder mit einstimmen und Teil der Erzählung werden.

Dass du fröhlich tanzt und singst,
dass du lachen kannst und springst
– wer hat dir all das gegeben?
Gott, der Schöpfer deines Lebens.

Die Erzählung kann via Erzählvorlage vorbereitet und durchgeführt werden. Die Figuren eignen sich für eine Erzählung an der Wäscheleine, auf

130 g gedruckt für die Erzählschiene, als E-Book, für ein sich entwickelndes Bodenbild mit Landkarte, Häusern … Es können auch eigene Figuren verwendet werden. (Godly Play, Holzkegel, Playmobil …) Die Erzählung funktioniert auch in einem Rollenspiel.

Die Erzählung kann durch eine Person durch die Erzählvorlage erzählt werden oder durch mehrere Personen, die sich die Rollen aufteilen: Kind, Mutter, Jesus.

In der Erzählung wird die Bildrede „sich ein Herz fassen" aufgenommen. „Sich ein Herz fassen" bedeutet sprichwörtlich das Herz in die Hand nehmen, also all das, was einem wichtig ist, zu fassen. Die Bildrede schafft einen symboldidaktischen Zugang und wirkt sprachförderlich für eigene Erfahrungen, die in die Mutterfigur hineingelegt werden können.

Die Dialoge in der Geschichte regen zu weiteren Dialogen an. Dazu einige Gesprächsimpulse:

- Wer sind meine Nachbar*innen? Wie geht es meinem Nachbar oder meiner Nachbarin? Weiß ich etwas über die Religion meiner Nachbar*innen?
- Wenn ich eine Frage an Jesus selbst stellen könnte, dann …
- Was ist Glauben eigentlich? An was glaubt die Mutter?
- „Dein Glaube ist groß.": Gespräch über Vorbilder im Glauben führen.
- „Mut wie Mutter": Gespräch über starke Eltern und Bezugspersonen.
- Wie können wir eine Apfelsine oder Schokolade teilen, sodass jedes Kind etwas abbekommt? (Unbedingt ausprobieren!)

Folgende Bibelgeschichten eignen sich thematisch zur Weiterarbeit, weil sie Solidarität und Nächstenliebe entfalten: Speisung der 5000 (Markus 6,30-45) und das Gleichnis vom Barmherzigen Samariter (Lukas 10,27-35). Im Kirchenjahr bieten sich auch Erntedank als Fest des gemeinsamen Dankens und Essens sowie St. Martin als Teilungsgeschichte an. Die elterliche Liebe als Verbundenheit und Zutrauen für eigene Wege des Kindes wird empfehlenswert dargestellt in C. Averiss, K. Beautyman: Liebe, Zuckersüßverlag 2021.

Die Geschichte bietet sich an, um mit Kindern und Eltern ins Gespräch über die gewaltfreie Kommunikation zu gelangen. Die Gewaltfreie Kommunikation hilft in kommunikativen Situationen, ehrlich und klar Bedürfnisse auszudrücken und Bedürfnisse des Gegenübers zu erfassen und kann in unterschiedlichen Situationen unabhängig von kulturellem oder religiösem Hintergrund angewendet werden. *Literaturtipp:* M. B. Rosenberg: Gewaltfreie Kommunikation, Eine Sprache des Lebens, Junfermann 2016.

7.3. ERZÄHLVORSCHLAG

Die Geschichte von einer Mutter, die sich ein Herz fasste und zu Jesus ging

Erzählung	Regieanweisung
1. Ich bin ein fröhliches Kind! Mein Leben ist richtig toll. Ich lache viel und bin gerne mit meinen Nachbarskindern zusammen. Mit denen kann man so richtig gut spielen…	*Erzählvorlage gefaltet mit Bild des fröhlichen Kindes zeigen*  *Kinder mit einbeziehen und nach ihren Vorlieben im Leben und Spielen fragen und dies auf die Tochter projizieren. Wahlweise die Tochter-Figur auch herumreichen und zum Beschreiben motivieren.*
Ich singe total gerne!	*Die Auflistung enden mit*
Das Lied hat mir meine Mutter beigebracht. Sie hat es von einer Nachbarin gelernt.	*… und alle Kinder einladen mitzusprechen:* *Dass du fröhlich tanzt und singst, dass du lachen kannst und springst* *– wer hat dir das all gegeben?* *Gott, der Schöpfer deines Lebens!*

2. Einmal war ich ziemlich krank

Ich bin so dankbar, dass ich wieder fit bin, denn es gab eine Zeit, in der war ich nicht ich selbst. In der Zeit habe ich nicht mit meinen Nachbarskindern gespielt und nicht gesungen.

Ich war müde und krank, deshalb lag ich den ganzen Tag im Bett. Ich hatte keinen Hunger und für nichts Interesse. Alles war mir egal. Als ob so alles aus mir rausgesaugt wurde, wie gesagt, ich war nicht ich selbst. Aber ich war nicht allein.

Ich wohnte mit meiner Familie in der Stadt Tyrus im Land Phönizien und hatte viele Freunde in der Nachbarschaft, die mich auch besucht haben. Meine Mutter war keine Jüdin wie viele andere Menschen um uns herum, aber sie glaubte an Gott. Sie hat mir immer dieses Lied vorgesungen …

Erzählvorlage drehen.

Erzählvorlage kippen

… und alle Kinder einladen mitzusprechen:
Dass du fröhlich tanzt und singst, dass du lachen kannst und springst
– wer hat dir das all gegeben?
Gott, der Schöpfer deines Lebens!

Gott war und ist ihre Kraft im Leben. Gott hat sie gemacht und mich auch – das singt sie mir immer vor. Und sie hat nie aufgehört, daran zu glauben, dass dieses Lied auch dann noch stimmt, wenn mir gerade gar nicht mehr nach Tanzen und Singen zumute ist. Und Gott zeigt sich in ganz viel Liebe. Die Liebe ist wie Gott in ihrem Herz drin und meine Mutter gibt die Liebe weiter. Sie sagt mir oft, dass in unserer Familie soviel Liebe ist, dass diese Liebe auch für unsere Nachbarn und Freunde reicht.

Erzählvorlage aufklappen

… und alle Kinder einladen mitzusprechen:
Dass du fröhlich tanzt und singst, dass du lachen kannst und springst
– wer hat dir das all gegeben?
Gott, der Schöpfer deines Lebens!

3. Das Gespräch zwischen Jesus und meiner Mutter

Meine Mutter hörte eines Tages von Jesus. Er lebte in Galiläa – im Nachbarland von uns. Jesus war ein Rabbi, ein jüdischer Lehrer und erzählte allen Menschen und Kindern und auch allen Nachbarskindern von Gottes großer Liebe.
Kinder sind für Jesus wichtig. Eltern sind für Jesus auch wichtig. Jesus redet mit allen gerne! Jesus konnte sogar Menschen gesund machen.

Meine Mutter hörte eines Tages davon, dass Jesus zu Gast in unserem Land Phönizien war und sich sogar in unserer Stadt Tyrus aufhielt. Meine Mutter war so mutig, sie fasste sich ein Herz für mich, weil sie mich so sehr liebt und aus ihrem Glauben heraus suchte sie Jesus auf und sprach ihn an …

Erzählvorlage umklappen

Es folgt der Dialog zwischen Jesus und der Mutter:

Mutter: Ich habe von dir gehört Jesus. Du kannst auch mein Kind gesundmachen.
Jesus: Alle Menschen sollen gesund werden.
Mutter: Wir sind ja Nachbarn von deinem Volk. Wir leben Tür an Tür. Wenn dein Volk gesund ist, werden wir auch gesund.
Jesus: Dein Glaube ist groß.
Mutter: Ja, ich vertraue auf Gott. Wir sind wie eine große Familie in unserer Nachbarschaft. Wir sitzen an einem Tisch. Wir teilen das Essen. Wir feiern miteinander. Wir hören einander zu. Wir teilen unseren Glauben.
Jesus: Dein Kind lacht und springt und tanzt und singt wieder!

Die Sprechblasen nutzen, evtl. sogar beschriften und zu den Figuren legen.

Seitdem meine Mutter mit Jesus gesprochen hat, bin ich wieder fit und fröhlich. Ich würde sie beide am liebsten herzen! Herzen heißt umarmen und jedem zusingen…	*Die Erzählvorlage ganz aufklappen.* *Alle Kinder einladen, mitzusprechen:* *Dass du fröhlich tanzt und singst, dass du lachen kannst und springst* *– wer hat dir das all gegeben?* *Gott, der Schöpfer deines Lebens!*

7.4. KREATIVES ZUR WEITERARBEIT

7.4.1. „Sich ein Herz fassen", „sein Herz in die Hand nehmen"
- Auseinandersetzung mit der Bildrede durch Erfahrungsaustausch und künstlerische-literarische Ausgestaltung: Bild gestalten, Geschichte ausdenken …
- Daran anknüpfend kann ein Gespräch begonnen werden mit weiteren Impulsfragen: Wo warst du schon einmal mutig? Warum war die Mutter mutig? Hast du dich schon einmal getraut, Jesus eine Frage zu stellen / im Gebet eine Frage zu stellen? Kennst du Grenzen oder Probleme, die Gott egal sind? Mut tut gut – wie fühlt sich Mut an?

7.4.2. Gefühle erarbeiten
- Gefühle wie Angst, Wut, Freude, Trauer, Liebe benennen, auf Wortkarten schreiben oder Bildkarten malen und durch Mimik und Gestik ausdrücken, das Lied „Wenn du fröhlich bist, dann klatsche in die Hand" hinzunehmen.

- Gefühle von Kindern darstellen und abfotografieren lassen oder Gefühle in Fotos sichten, *Tipp:* 80 Bildimpulse Gefühle, Verlag an der Ruhr 2014.
- Aufbereitung von passenden Psalmworten, die Jesus, der Mutter und der Tochter in den Mund gelegt werden können, z.B. Du hast meine Klage verwandelt in Tanzen. (Psalm 30,13) Wer zu mir kommt, den werde ich nicht hinausstoßen. (Johannes 6,37) *Literaturtipp:* R. Oberthür, A. Mayer: Psalmwortkartei. In Bildworten der Bibel sich selbst entdecken, Dieckverlag 1995.
- *Bilderbuchtipps:* M. v. Hout: Heute bin ich, aracari-Verlag 2012. A. Llenas: Das Farbenmonster, Christophorus-Verlag 2021.)

7.4.3. Figuren gestalten und den Dialog vertiefen
- Die Kinder gestalten sich ihre eigenen Figuren durch Bemalung, Hinzuschreiben der Gefühle, Vertiefung durch Psalmworte, Benennung von Namen …
- Aus dem Dialog und den Sprechblasen kann ein Comic entwickelt werden, der mit einem Tablet auch in ein E-Book eingefügt und mit Ton und Geräuschen versehen werden kann.
- Kinder sprechen den Dialog nach und erleben den Mut der Mutter, die Ansprechbarkeit Jesu und die Dankbarkeit der Tochter.

Weitere Dialoge antizipieren:
- 5 Jahre später: Mutter und Tochter kommen ins Gespräch über das Wunder von damals … Kindertheologisches Gespräch anleiten: Was wäre passiert, wenn die Mutter sich kein Herz gefasst hätte? Woher hat die Mutter den Mut und die Kraft genommen, Jesus zu fragen?
- Wie würde ein Gespräch zwischen der Tochter und Jesus aussehen?

7.4.4. Experiment Licht
Die Wirkung von Gottes Liebe über die Nachbarschaft hinaus aufzeigen. Dafür ein Sonnenglas, eine Kerze im Glas o.ä. auf einen bestimmten Punkt einer Landkarte stellen, das Licht entzünden, den Raum verdunkeln und erleben, dass nicht nur der Punkt erleuchtet wird.

7.4.5. Herzen weitergeben.

– Herzen aus Fimo gestalten, mit mutmachenden Sätzen versehen und weitergeben an Menschen, die Mut brauchen. Eine richtige schöne Nachbarschaftsaktion! *Beispiele für die Sätze:* Gott fülle dein Herz mit Mut. Alles geschehe in Liebe. Mut tut gut.
– Herzplätzchen für die Nachbar*innen
– Aus folgenden Zutaten einen Teig kneten: 250 gr Mehl, 100 gr Zucker 150 gr kleingeschnittene, kalte Butter, ein Ei, abgeriebene Schale einer halben Zitrone.
– Eine Stunde kalt stellen und auf einer bemehlten Fläche ausrollen.
– Backofen vorheizen auf 160 ° (Umluft) / 180 ° (Elektro)
– Beliebige Formen ausstechen!
– Die Plätzchen mit verquirltem Eigelb bestreichen und mit Hagelzucker bestreuen.
– Backzeit: 8-10 Minuten
– Während der Backzeit Tüten bemalen zum Verschenken der Plätzchen! Mmmh…

8. ICH BIN WUNDERBAR GEMACHT!

8.1. ZUM HINTERGRUND DER TEXTE (PSALM 139 UND MARKUS 10,13–16)

An vielen Stellen beider Testamente sprechen Texte der Bibel Menschen Vergewisserung zu. Sie bekennen in Form poetischer Dichtung oder in erzählten Geschichten die Liebe Gottes, in der wir Menschen geschaffen wurden und die unsere Selbst-Annahme zur Folge haben darf. Oft stehen solche Bestärkungs-Texte in Kontexten, in denen genau diese Vergewisserung in Frage gestellt wird.

Die Liebe als Akzeptanz seiner selbst und als liebevolles Zutrauen zu sich selber, gegründet auf die Liebe des Schöpfers, ist der Aspekt von „Liebe", der in dieser Einheit behandelt werden soll.

Die Einheit bietet dafür die Arbeit mit zwei Texten an – mit Psalm 139 als alttestamentlichem und die Geschichte der Kindersegnung als neutestamentlichem Text. Beide thematisieren die Wertschätzung von Menschen aus unterschiedlichen Blickwinkeln. Beide Texte oder auch nur einer von ihnen können verwendet werden.

8.1.1. Psalm 139

Psalmen sprechen menschliche Gefühle und Sehnsüchte aus, in ihrer ganzen Bandbreite. Wut, Trauer, Ratlosigkeit, Angst, Verzweiflung, Geborgenheit – es gibt kaum eine menschliche Grundbefindlichkeit, die in den 150 Psalmen des Alten Testaments nicht vorkommt. Ihre Perspektive ist subjektiv, sie verallgemeinern oder systematisieren nicht, sondern benennen individuelles Erleben.

Psalmen werden daher vielfach als Wegbegleiter und als Stütze und Hilfe in schweren Situationen beschrieben. Sie wurden auswendig gelernt, zu Musik gemacht, aktualisiert, rezitiert oder umgedichtet,

Bischof Zephania Kameeta, Namibia, zum Beispiel schreibt 1983 zur Zeit der Apartheid im Gefängnis den Psalm 139 um: „Wo könnte ich mich davor verstecken, dich zu bekennen? Versteckte ich mich im Büro, hinter meiner Schreibmaschine, wärest du da, nähme ich Zuflucht im entlegensten Land, fern von der Unterdrückung meines Volkes, wärest du auch da, um mich zu erinnern, was ich dir versprochen habe."

Psalm 139 spricht von dem Wissen um Gottes Allgegenwart und Schöpfergnade. Er betont die Gewissheit der Geborgenheit und des Schutzes Gottes für die eigene Existenz. Jedoch spricht der Psalm nicht im Ton nüchterner Feststellung, sondern in dem des Erstaunens. Er benennt das eigene Unvermögen, diese Wahrheit Gottes wirklich zu erfassen.

Psalm 139 kann zur weisheitlichen Tradition gezählt werden. Diese beschreibt den Glauben an Gott im Bewusstsein der menschlichen Grenzen und der Existenz des Leids. So kann der Psalm auch gelesen werden als Zuspruch und Vergewisserung angesichts erlebter In-Frage-Stellung. Er spricht von Geborgenheit und Allgegenwart Gottes gerade dann, wenn die eigene Sicherheit in Frage steht.

Der Psalm wird daher vielfach als Psalm des Trostes, des Zuspruchs und der Vergewisserung gelesen und gebetet.

8.1.2. Markus 10,13-16

Die geistliche, körperliche und intellektuelle Entwicklung von Kindern wurden zur Zeit Jesu nicht getrennt voneinander verstanden, sie gehörten zusammen und jede dieser Dimensionen wurde wichtig genommen. Kinder zu segnen oder segnen zu lassen war eine übliche Handlung, beschrieben auch zum Beispiel in der alttestamentlichen Erzählung der Segnung der Söhne Jakobs (1. Mose 48,8-16). Mit diesem Hintergrund hören die Menschen in der Geschichte der Kindersegnung, dass ein bekannter Rabbi, Jesus, unter ihnen ist. Jesus ist in dieser Zeit mit seinen Jüngern in Judäa und jenseits des Jordans. Die Menschen laufen bei ihm zusammen, hören ihm zu und bringen auch ihre Kinder, damit er sie segnet.

Den Jüngern ist die Tradition vertraut, dass Kinder zum Rabbi gebracht werden können. Sie sind ja selber als Kinder mit dieser Tradition aufgewachsen und sind wahrscheinlich auch selber zu einem Rabbi gebracht worden. Aber ihr eigener Egoismus geht in der Geschichte mit ihnen durch, und sie fahren die Eltern mit ihren Kindern an. Es sind mehrere Geschichten in der Bibel zu finden, in denen Eltern Jesus dringend bitten, ihre Kinder zu segnen und zu heilen. Es ist nachvollziehbar, dass die Eltern ihre Kinder zu Jesus bringen, damit er sie segne und durch Handauflegung vor Krankheiten oder der Macht des Bösen schütze. Es ist nachvollziehbar, dass Jesus mit seinen Jüngern schimpft, da sie sich hier ohne Mitgefühl verhalten und den Eindruck vermitteln, Jesus habe keine Zeit für Kinder. „Lasst die Kinder zu mir kommen", sagt Jesus. Die Jünger sollen den Kindern den Weg zu ihm öffnen.

Jesus sagt aber noch mehr: Er stellt den Erwachsenen die Kinder als gutes Beispiel vor. Das Reich Gottes wie ein Kind zu empfangen – in diesem Bild schwingen mehrere Dimensionen mit: Das Reich Gottes zu empfangen wie ein Kind heißt, kindliche Eigenschaften wie Staunen, Begeisterung, Unschuld und Vertrauen zuzulassen. Zudem wird hier der Sozialstatus der Kinder angesprochen und umgekehrt. Kinder zählen bis heute oft zu den Geringen, und das macht sie verletzlich und ausbeutbar. Jesus stellt klar, dass es im Reich Gottes nicht um den üblichen Sozialstatus geht, sondern um einen authentischen Platz für die, die in unseren Gesellschaften zu den Geringen, den Schwachen und den Randständigen der Gesellschaft gezählt werden. Und schließlich geht es hier um die eigene Haltung: Das Reich Gottes wie ein Kind anzunehmen, bedeutet auch, nicht über die eigene Stellung in diesem Reich nachzudenken. Diese Haltung wird als vorbildlich dargestellt.

Damit wird hier nicht nur den Kindern der Weg zu Jesus freigemacht, sondern es werden sogar grundsätzlich die vorherrschenden Hierarchien umgedreht: Die Kinder, nicht die Erwachsenen, sind hier die Vorbilder für den Zugang zum Reich Gottes.

8.2. DIE TEXTE UND DIE KINDER

Bereits kleinere Kinder kennen das Gefühl, mit sich selber im Reinen zu sein, oder es eben nicht zu sein. Sie benennen diese Gefühle direkt („ich bin so froh", „ich bin wütend, alles geht heute kaputt") oder zeigen sie in Mimik und Körpersprache erkennbar und deutlich. Kinder kennen Selbstzweifel und Unsicherheit. Ihr Selbstwertgefühl entwickelt sich im Laufe der Kindheit.

Kleinere ebenso wie größere Kinder kennen und verbalisieren das Gefühl, ausgeschlossen zu werden, entweder durch andere Kinder („Ich bin so traurig, die lassen mich nicht mitspielen") oder aus der Welt der Größeren („dafür bist du noch zu klein, mach Platz für die Großen"). Kinder brauchen Trost und Zuspruch, um solche Situationen überwinden zu können, aber ebenso Stärkung und Solidarität durch Andere. Die beiden Texte thematisieren, in je unterschiedlichen Kontexten und in unterschiedlichen Formen, solche Stärkungen.

Bereits Kinder können sich in den Worten des Psalm 139 wiederfinden und eigene Erfahrungen in ihm aufgenommen sehen.

Elementarisierte Formulierungen aus dem Psalm können wie Erwachsenen auch Kindern eine Stütze sein, die sie in ihrem Inneren mit sich tragen und abrufen können. Daher sollten den Kindern sowohl Formulierungen des Psalms vertraut gemacht werden sowie die Erfahrung, geliebt und geschätzt zu sein, durch Symbolisierung vertieft und anschaulich gemacht werden.

Ebenso können Kinder den Verlauf der Kindersegnungs-Geschichte nachvollziehen – ähnliche Situationen gehören sicher zu ihrem Erfahrungsschatz. Bearbeitet werden kann mit ihnen die Aufforderung, gemeinschaftsorientiert zu handeln und Menschen willkommen zu heißen, die verletzlich sind – als Voraussetzungen für das Reich Gottes.

Besprochen werden kann, wie wir unsere soziale Macht für den Nutzen Anderer einsetzen, unsere unverdienten Privilegien für die Verbesserung der Gemeinschaft nutzen und mitfühlende und sichere Orte für verletzliche Menschen schaffen. Es kann gefragt werden, wie wir unsere eigene Macht und unsere Privilegien konkret herausfordern. Was bedeutet es, Platz für Menschen am Rande zu schaffen? Wie können wir den Menschen die Liebe entgegenbringen, die Jesus uns einlädt zu tun?

Bearbeitet werden sollte in der Erzählung aber auch die Zuspitzung am Schluss des Textes, in der die Kinder als Vorbilder dargestellt werden. Insbesondere dieser Teil ist eher für Erwachsene verständlich. Wir geben daher im Folgenden Gesprächsimpulse für ein Gespräch mit Kindern sowie für ein Gespräch unter Erwachsenen.

8.3. ERZÄHLVORSCHLÄGE

8.3.1. Das Sonntagskleid (zu Psalm 139)

Heute hat Abla mit Mama ihre Kleider aufgeräumt. Im Schrank war so ein Durcheinander! Und da hatte sie auf einmal ihr Sonntagskleid aus Accra in der Hand. Das weiße mit den blauen Bändern, dem weiten Rock und dem kleinen glänzenden Gürtel. Das hat sie jetzt fast ein Jahr lang nicht mehr angehabt. In Accra hat sie es fast jeden Sonntag in der Kirche getragen. Alle ihre Freundinnen hatten auch schöne Kleider an. Wie Prinzessinnen haben sie sich gefühlt. Die Gottesdienste waren schön. Es waren immer so viele Leute da! Alle Bankreihen waren voll, picke-packe voll. Und die Musik war toll! Die Lieder kann sie immer noch fast alle auswendig, sie singen sie ja oft auch hier in Köln zu Hause, am Abend vor dem Schlafengehen bei der Abendandacht mit Mama, Papa und den beiden Großen. Der kleine Kokovi schläft dann meistens schon.

Hier, in ihrem Zimmer, in ihrer Wohnung in Köln, mit Mama und Papa nebenan und den beiden großen Geschwistern, ist sie zu Hause. Aber jetzt liegt sie im Bett und kann nicht einschlafen. Sie vermisst immer noch ihr richtiges Zuhause. In Accra haben sie früher gewohnt, in einem großen Haus mit einem schönen Garten drum herum. Da hat sie immer mit ihren Freundinnen gespielt. Draußen, oder, wenn es zu heiß war, auf der Veranda, im Schatten. Und in der Regenzeit natürlich auch da, da wären sie ja draußen total nass geworden.

Jetzt sind ihre Freundinnen weit weg. Und ihr altes Haus ist weit weg. Ablas Mama arbeitet jetzt in dem großen Krankenhaus zwei Straßen weiter, es ist ein Riesen-Gebäude, fast so groß wie das Korle-Bu Krankenhaus in Accra. Erst ist sie allein nach Deutschland gereist. Das war eine lange Zeit, ohne Mama zu Hause! Aber Oma war ja da, das war auch schön. Und dann sind sie alle hinterhergezogen: Papa, Abla, Kokovi, und die beiden Großen. Oma ist in Ghana geblieben. Nun wohnen sie in Köln, fast ein ganzes Jahr schon. Abla ist hier gleich in die Schule gekommen, sie geht in die erste Klasse. Das ist manchmal so schwer. Alle Kinder sprechen so schnell, Abla versteht sie nicht immer, obwohl sie schon so viel Deutsch gelernt hat. Viele ihrer Klassenkamerad*innen waren schon zusammen im Kindergarten. Sie ist immer noch die Neue. Vorgestern hat die ganze Klasse gelacht, als sie etwas gesagt hat. Nur weil sie ein Wort falsch ausgesprochen hat. Abla würde am liebsten morgen gar nicht in die Schule gehen. Und eigentlich am liebsten nie wieder. Sondern zurück nach Accra, zu ihren Freundinnen Grace, Ama und Kafui. Abla dreht sich im Bett herum. Sie denkt an ihr schönes Sonntagskleid und an den Kindergottesdienst. „Ich danke dir, dass du mich wunderbar gemacht hast, Gott." Dieses Lied hatten sie beim letzten Mal gelernt. Und sie kann sich noch an das schöne Gefühl erinnern, das sie hatte: Ja, in ihrem weißen Kleid mit den blauen Schleifen, am Sonntag, mit den anderen Kindern in der Kirche mit der schönen Musik, zu Hause in Accra, da fühlte sie sich so: Wunderbar gemacht. Schön und fröhlich, und nie allein. Und hier? Wo die anderen in der Schule über sie kichern? Sie vermisst Accra so sehr!

Jetzt kann Abla gar nicht mehr einschlafen. Sie wirft die Bettdecke zurück, steht auf, geht durch das dunkle Zimmer und macht leise die Tür auf. Im Nachbarzimmer sitzt Papa an seinem Laptop. Mama hat Nachtschicht im Krankenhaus. Papa spricht gerade mit Oma in Accra. Oma!! Als Abla ihr Gesicht sieht und ihre Stimme hört, kommen ihr ein paar Tränen. Sie winkt Oma zu, aber dann dreht sie sich schnell um. Oma soll nicht sehen, dass sie weint. Papa hat ihre Tränen aber gesehen. „Geh schnell wieder ins Bett", sagt er, „ich komme gleich."

Als Papa kurz danach an ihrem Bett sitzt, erzählt sie ihm mit leiser Stimme, warum sie so traurig ist. „Ich vermisse Grace und Ama und Kafui so sehr! Und manchmal lachen die anderen über mein Deutsch."

Da holt Papa ihr Sonntagskleid aus Accra aus dem Schrank. Es hängt da jetzt wieder ordentlich auf einem Bügel. „Guck mal", sagt er. „Weißt du noch, wie toll es war, dieses Kleid anzuziehen? Da hast du immer so gestrahlt, wenn du es anhattest. Wie eine kleine Königin. Du sahst immer so schön aus in der Kirche. Das sollst du auch hier!" „Ja, aber hier zieht kein Kind solche Kleider an, Papa!", entgegnet Abla. „Die anderen Kinder würden mich doch auslachen!" Papa nimmt Abla in den Arm. „Schau mal, Abla – es kommt doch gar nicht so sehr auf das Kleid an, sondern auf das tolle Mädchen, das drinsteckt! Gott hat dich genau richtig gemacht! Und das wirst du auch hier wieder merken! Den kleinen Kokovi hat er auch richtig gemacht, und die beiden Großen auch! Und Oma genauso. Und die Kinder hier in Deutschland, in deiner Klasse, die auch! Da braucht niemand über dich oder über einen anderen zu lachen!"

Abla fällt es jetzt wieder ein, was die Kindergottesdienst-Lehrerin am letzten Sonntag in Accra gesagt hat: Dass Gott überall ist. In Accra und auch überall sonst auf der Welt. Und dass Gott sie alle, jedes von ihnen, wunderbar gemacht hat.

Papa drückt sie noch einmal ganz fest und dann sagt er: „Schlaf jetzt, Abla. Dein Kleid hängt im Schrank. Ich verstehe, dass du es hier nicht anziehen willst. Aber morgen basteln wir für dich eine Kette. Und die kannst du immer tragen, auch heimlich, unter deinem T-Shirt, als dein Zeichen: Du bist wunderbar gemacht! Und Gott ist immer bei dir. In Köln genauso wie in Accra."

Die Geschichte kann beim Erzählen an mehreren Stellen unterbrochen werden, um mit den Kindern über das Gehörte zu sprechen, etwa durch Impulsfragen wie „Wie fühlt Abla sich?", „Habt ihr so etwas auch schon erlebt?", „Was könnte Abla helfen?" und/oder „Was hat euch geholfen?"

Wichtig ist es, viele Kinder dann (kurz!) zu Wort kommen zu lassen, da es sich bei den geschilderten Gefühlen um fast allen Kindern Vertrautes handelt.

Da es in der Kindergruppe Kinder geben kann, die gerade aktuell in einer Situation wie der geschilderten sind, kann es notwendig sein, auf sie ggf. gesondert einzugehen und sie z.B. nach dem Gespräch noch einmal individuell anzusprechen.

8.3.2. Jesus segnet die Kinder (zu Markus 10)

Material
ein (braunes) Tuch als Erzählfläche
farbige Bauklötze in verschiedenen Größen, nämlich:
– Ein hoher Klotz in einer Farbe, die nur 1 x vorkommt = Jesus!
– 6 entsprechend hohe Klötze in einer gemeinsamen anderen Farbe = Jünger
– Weitere entsprechend hohe Klötze in anderen Farben = Eltern!
– Viele kleine, verschiedenfarbige Klötze = Kinder

Was gemacht wird	Was erzählt wird
Auf dem Boden ein Tuch als Erzählfläche ausbreiten.	Ich will euch eine Geschichte zeigen.
Jesusklotz zeigen, auf das Tuch stellen, dann ein Stück gehen lassen.	Das ist Jesus. Er wandert von Ort zu Ort. Er erzählt den Menschen von Gott und er macht die Kranken gesund.
Jüngerklötze zeigen und zu Jesus stellen.	Das sind seine Freunde, die Jünger.
	Sie sind immer dabei und wandern mit Jesus durch das Land.
Jesus und Jünger an einen Tuchrand wandern lassen und dort locker als Gruppe aufstellen.	
	Eines Tages kommen sie wieder in einen kleinen Ort. Dort wollen sie sich ausruhen.
	Aber die Menschen in dem Ort haben gehört, dass Jesus da ist, vor allem die Eltern haben es gehört.

Elternklötze zeigen und am gegenüberliegenden Rand aufstellen.	Das sind die Eltern.
	Sie haben gehört, dass Jesus gut zu den Menschen ist. Das wollen sie auch für ihre Kinder! Ja, sie wollen ihre Kinder zu Jesus bringen, damit er sie segnet.
Kinderklötze zeigen und zu den Eltern stellen.	Das sind die Kinder.
	Die Kinder sind aufgeregt und neugierig. Sie lachen und springen, rennen und toben. Und so kommen alle langsam auf Jesus zu.
Die Eltern und Kinder auf Jesus zu bewegen, aber nicht bis ganz zu ihm ran! (Es muss später, s.u., zwischen Jesus und der Eltern/ Kinder-Gruppe noch ein Spalier gebildet werden können.) *Die Kinder beim Bewegen hüpfen oder rennen lassen. Nehmen Sie sich Zeit dafür und lassen Sie die Kinder und ihre Eltern ganz individuell gehen/laufen.*	

Die Jünger hören die Gruppe schon von weitem. Dann sehen sie die vielen Kinder und ihre Eltern, viele Frauen sind dabei.

Alle Jüngerklötze als dichte Mauer zwischen Jesus und die andere Gruppe stellen.

„Halt", sagen die Jünger, „lasst Jesus in Ruhe! Für so Kleine wie euch ist er nicht da! Er hat Wichtigeres zu tun!" Erschrocken und traurig bleiben die Kinder und ihre Eltern stehen.
Doch Jesus hat gehört, was seine Freunde gesagt haben und er hat auch die Kinder gehört. Jetzt schimpft er mit seinen Freunden: „Was redet ihr denn da? Macht Platz für die Kinder! Lasst sie zu mir kommen, denn das dürfen sie! Gottes neue Welt ist gerade für die Kleinen da. Und wer sich nicht beschenken lässt wie sie es tun, der kommt auch nicht hinein."

Jüngerklötze wie ein Spalier aufstellen, so dass es einen freien Weg zu Jesus gibt.

Und Jesus geht zu den Kindern und segnet sie.

Jesus zu jedem Kind gehen lassen und so neigen, dass Jesus das Kind berührt. Dann Jesus wieder aufrichten und zum nächsten Kind gehen lassen.
Segensgeste wiederholen usw. bis alle Kinder gesegnet sind.
Lassen Sie sich dafür Zeit!
Vergessen Sie keines der Kinder!

Lehnen Sie sich zurück, nehmen Sie Blickkontakt mit den Kindern auf. Warten Sie etwas, bevor Sie mit der ersten Frage beginnen.
Die Fragen sind ergebnisoffen, es gibt keine „richtige" Antwort.
Wichtig: Niemand muss antworten! Die Antworten werden von Ihnen wahrgenommen, aber auf keinen Fall bewertet! Sie beantworten die Fragen für sich selbst nur im Stillen.
(Die Fragen stammen aus den Ergründungsfragen zu Glaubensgeschichten aus dem Konzept „Godly Play" von Jerome Berryman.)

Ich frage mich, welchen Teil der Geschichte du wohl am liebsten magst?

Ich frage mich, welcher Teil der Geschichte der wichtigste ist?

Ob es einen Teil in der Geschichte gibt, in dem du vorkommst/der von dir erzählt/was du auch kennst?

Ich frage mich, ob wir einen Teil weglassen könnten und wir hätten trotzdem alles, was wir für diese Geschichte brauchen?

8.4. KREATIVES ZUR WEITERARBEIT

8.4.1. Psalm 139
Nach der Geschichte sind folgende Schritte der Weiterarbeit möglich:

Mit den Kindern eine Kette basteln, so wie sie im letzten Teil der Geschichte benannt wird. Dazu ist notwendig:
- Faden zum Auffädeln und Verschluss oder elastischen Faden zum Auffädeln
- bunte Perlen
- Federn, Anhänger etc. zum Auffädeln

- Buchstaben-Perlen, die das Wort „wunderbar" (ggf. auch in anderen Sprache!) zusammensetzen, die auf die Kette aufgefädelt werden können
- Für kleine Kinder: Perlen mit Symbolen (Sonne, Herz, Kraft-Symbol, „Köpfchen!")-Symbol etc. vorbereiten und auf die Kette aufziehen
- Kinder können auch eine Kette für jemanden anderes basteln und diese dann verschenken. Dann stellt jedes Kind eine Kette her und bekommt eine Kette geschenkt.

Mit den Kindern T-Shirts gestalten auf denen „wunderbar gemacht" steht. Dazu ist notwendig:
- Einfarbige T-Shirts, eines für jedes Kind
- Stoffmalstifte
- Glitzer, Pailletten, Federn etc.
- Kleber, der auf Stoff hält

8.4.2. Markus 10: Jesus segnet die Kinder

In einem Familiengottesdienst lassen sich nach dem Erzählen der Geschichte zwei Gespräche gestalten – eines unter Kindern, eines unter Erwachsenen. Nach den Gesprächen könnten beide Gruppen wieder zusammenkommen.

Gespräch mit Kindern: Was Gott an Kindern mag ...

Anleitung

„Überlegt einmal, was Gott an Kindern so mag? Und warum sie für Jesus ein Vorbild für die Erwachsenen sind?"
Die Ideen werden zusammengetragen. Dann wird gemeinsam überlegt, wie das Genannte gemeinsam dargestellt werden könnte (Gesten, Mimik, Standbilder mit mehreren Personen). Die Szene wird gestellt und fotografiert. Die Bilder werden ausgedruckt und auf einem Plakat arrangiert mit dem Titel: „Für das Reich Gottes braucht man ..."

Material

- Digitalkamera / Kamera im Mobiltelefon / Polaroid-Kamera (wo noch vorhanden)
- Drucker mit Fotopapier oder Normalpapier
- Plakat mit Text
- Kleber

Gespräch mit Erwachsenen:
Wie kriegen wir Kinder in die Mitte der Kirche?

Impulsfragen

- Wer bringt bei uns wen zu Jesus? Wie erfahren unsere Kinder von Gott?
- Kommen Sie in der Geschichte vor? Welche Rolle spielen Sie?
- Was tun wir als Kirche/Gesellschaft, um die Kinder zum Glauben einzuladen?
- Wo können die Kinder Jesus begegnen?
- Durch welche Aktionen / welches Denken werden die Kinder ausgeschlossen?
- Wo sind Kinder heute in unseren Gemeinden an den Rand gedrängt? Ihnen wird oft vermittelt, dass sie alles machen können. Stimmt das?
- Was bedeutet der Wechsel der Vorbild-Rolle von den Erwachsenen auf die Kinder, so wie er in der Geschichte benannt wird? Welche Impulse ergeben sich daraus für unser Erwachsenen-Leben?

9. MATERIALANHANG

9.1. HERZGESTALTUNG

9.2. ALTARTUCH

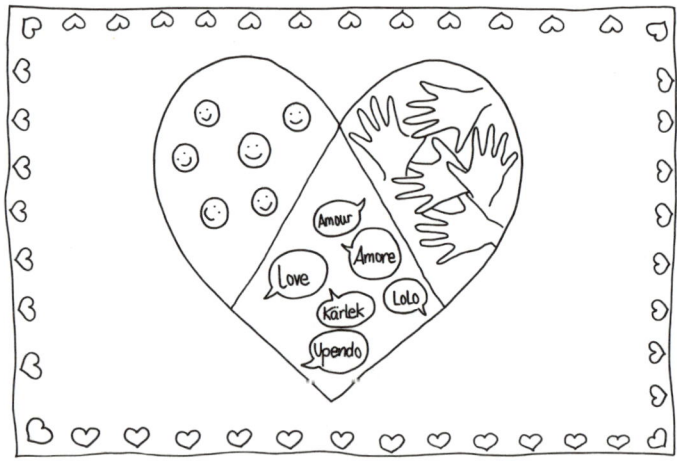

9.3. LIEBESBUCH

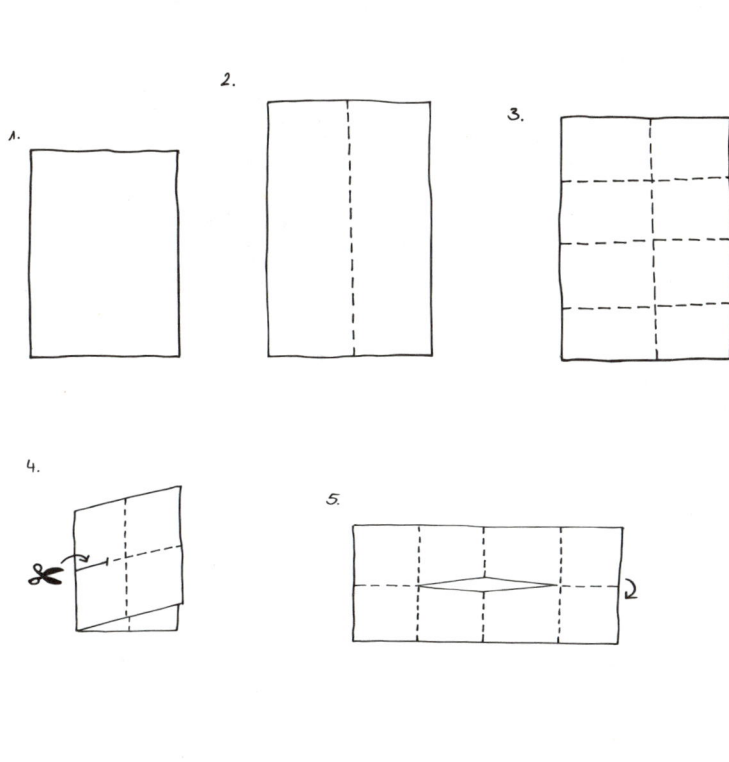

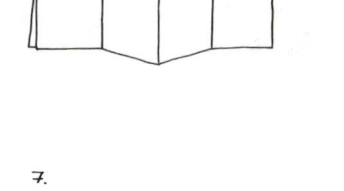

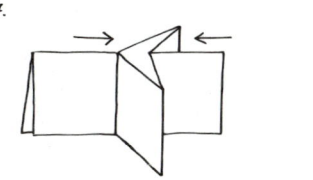

9.4. SCHNITTMUSTER PHILIA FENCHEL

9.5. KOPIERVORLAGE ERZÄHLFIGUREN MARKUS 7,24-30

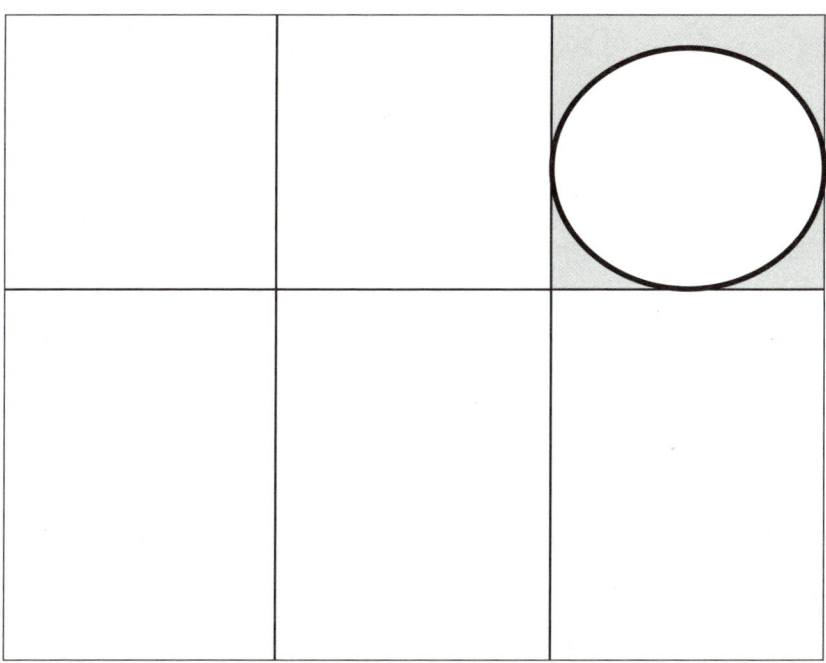

Bastelanleitung Erzählfiguren

1. Vorlage kopieren (möglich auf DIN A4 / 160gr Papier)
2. Vorlage ausschneiden.
3. Spalten aufeinander falten.

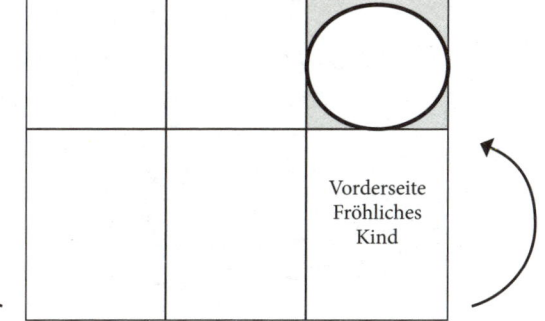

Vorderseite
Fröhliches
Kind

4. Kopfumriss
abschneiden.

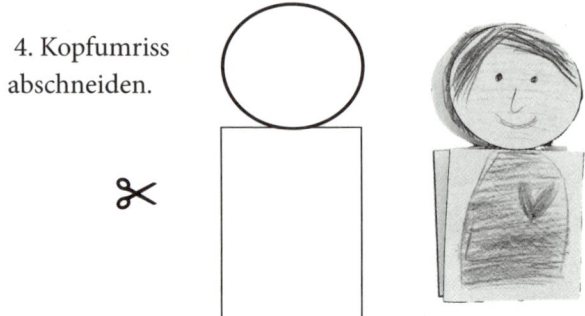

5. Die Erzählvorlage für die Erzählung nutzen.
Auf der Rückseite folgende Aufteilung der Figuren:

| Krankes Kind | Mutter | Jesus |

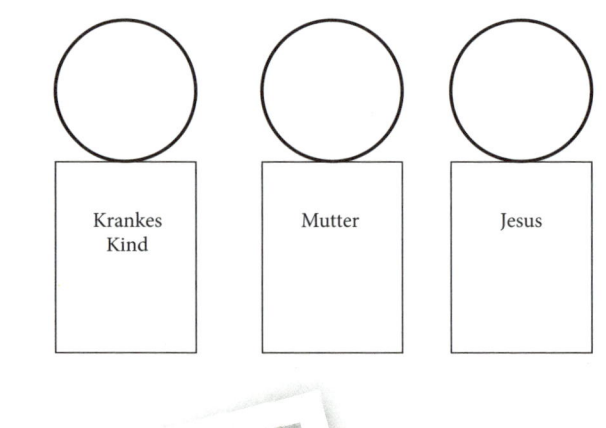

9.6. SPRECHBLASEN FÜR DEN DIALOG

Herausgegeben von: Evangelische Kirche im Rheinland,
Vereinte Evangelische Mission,
Pädagogisch-Theologisches Institut der EKiR,
Förderverein Kirche mit Kindern in der EKiR e.V.

Bibliografische Information der Deutschen Nationalbibliothek:
Die Deutsche Nationalbibliothek verzeichnet diese Publikation in der Deutschen
Nationalbibliografie; detaillierte bibliografische Daten sind im Internet über
http://dnb.d-nb.de abrufbar.

Gesamtgestaltung und DTP:
Grafikbüro Sonnhüter, www.grafikbuero-sonnhueter.de,
unter Verwendung eines Bildes von © Anna Lisicki-Hehn
Lektorat: Viktoria Tersteegen
Verwendete Schriften: Minion, Chinchilla, Sofia
Gesamtherstellung: Drukarnia Dimograf Sp. z o.o., Bielsko-Biała
Printed in Poland
ISBN 978-3-7615-6985-6

www.neukirchener-verlage.de